MANUEL

DU

BACCALAURÉAT

MANUEL

DU

BACCALAURÉAT

DE L'ENSEIGNEMENT SECONDAIRE

CLASSIQUE	MODERNE
(2e Partie, 2e Série)	(2e Partie, 2e et 3e Séries)

(Classes de Mathématiques Élémentaires.)

PHILOSOPHIE

PAR

M. Pierre JANET

Ancien élève de l'École normale, Agrégé de Philosophie,
Docteur ès lettres et Docteur en médecine,
Chargé de cours à la Sorbonne et Professeur suppléant
au Collège de France.

DEUXIÈME ÉDITION

PARIS

LIBRAIRIE NONY & Cie

63, BOULEVARD SAINT-GERMAIN, 63

1899

PHILOSOPHIE

PREMIÈRE PARTIE
ÉLÉMENTS DE PHILOSOPHIE SCIENTIFIQUE

CHAPITRE I.
La science. Les sciences. Classification et hiérarchie des sciences.

§ 1. — LA SCIENCE.

1. Objet de la science. — Les hommes ont lutté contre les forces naturelles et ont réussi à les dominer par leur intelligence : ils ont cherché le *pouvoir* de modifier les événements ; pour y parvenir, ils ont voulu *prévoir* les faits, les phénomènes (φαινόμενα, ce qui apparaît), afin de rechercher ceux qui étaient utiles et d'éviter ceux qui étaient nuisibles ; la science est née de ce besoin de *prévoir* et de *pouvoir*.

La simple constatation des faits recueillis par l'observation ne pouvait donner cette puissance : une semblable énumération serait toujours incomplète ; elle nous montrerait des phénomènes incohérents, sans ordre et sans lien. Pour prévoir et pour pouvoir il a fallu *comprendre* les faits, et la science consiste dans cette intelligence des phénomènes. — « *Science* d'où *prévoyance*, prévoyance d'où *action*, a dit Auguste Comte (*) (1), telle est la formule très simple qui exprime d'une manière exacte la relation de la science et de l'art. »

______

(1) Pour les noms marqués d'un astérisque, on trouvera de courtes indications biographiques dans la table placée à la fin du volume.

2. Les opérations de l'intelligence, l'acquisition des connaissances. — C'est l'intelligence, la faculté de *connaître* et de *comprendre* qui nous permettra de construire la science. Elle comprend diverses opérations sans lesquelles aucune recherche scientifique n'est possible. Ces opérations ont pour but *l'acquisition des connaissances*, leur *conservation*, leur *élaboration*. Considérons d'abord celles qui ont rapport à l'acquisition des connaissances. Les *sensations* mettent notre esprit en relation avec le monde qui nous environne, elles nous permettent de connaître les phénomènes qui font *impression* sur nos *sens*, *d'acquérir les connaissances*. Les sensations principales sont celles du *tact*, du *goût*, de l'odorat, de l'ouïe, de la *vue*, qui jouent, comme on le verra, un rôle essentiel dans l'observation scientifique.

3. Conservation des connaissances. — La *mémoire* nous permet de conserver les sensations que nous avons éprouvées autrefois, de les faire réapparaître quand nous le voulons dans notre esprit sous la forme de phénomènes atténués qu'on appelle des *images*. L'*imagination* combine entre elles ces images fournies par la conscience de manière à former des ensembles nouveaux tels que nous n'en avions pas vu auparavant par les sens.

4. Élaboration des connaissances, la généralisation. — La *généralisation* nous permet de construire des *idées* qui, tout en étant simples dans l'esprit, s'appliquent cependant à des objets nombreux : l'idée d'homme est simple en elle-même mais désigne des êtres nombreux, c'est-à-dire tous les hommes. Ces *idées générales* possèdent deux caractères essentiels : 1° elles s'appliquent à des objets plus ou moins nombreux ; c'est ce qui forme leur *extension*, et 2° elles désignent certaines propriétés qui sont communes à tous les objets du groupe auquel elles s'appliquent ; c'est ce qu'on appelle leur *compréhension*. Il est clair que les caractères communs à tous les individus d'un groupe sont d'autant moins nombreux que ces individus sont eux-mêmes plus nombreux. Les caractères communs à tous les arbres ne peuvent pas être aussi nombreux que les caractères qui sont seulement communs à tous les pommiers. C'est ce que l'on exprime en disant que *la compréhension d'une idée générale diminue quand son extension augmente, que la compréhension est en raison inverse de l'extension.*

Les idées exprimées par les sciences devant s'appliquer à de nombreux phénomènes, devant être très générales et posséder une grande extension, devront nécessairement ne décrire qu'un petit nombre de caractères communs à tous ces phénomènes et avoir une faible compréhension.

5. **L'abstraction.** — Cette propriété caractérise précisément les *idées abstraites*. Elles ne représentent pas tous les caractères d'un objet comme les *idées concrètes*, mais seulement une petite partie de ces caractères. Ceux-ci ont été extraits de l'ensemble par notre pensée, ils n'existent pas ainsi à part, ils ne peuvent même pas être imaginés isolément. Nous ne pouvons pas nous représenter la largeur d'une table sans la table elle-même, le mouvement sans sa direction. Mais ce que notre imagination ne peut représenter, la raison le conçoit, car nous raisonnons fort bien sur la largeur et sur le mouvement. Ces idées abstraites présentent en raison de leur simplicité une grande clarté, elles peuvent devenir générales, c'est-à-dire se retrouver exactement les mêmes à propos d'objets nombreux. Par conséquent elles présentent les propriétés exigées par les sciences, qui seront toujours formées par des idées plus ou moins abstraites.

Les idées générales et abstraites sont fixées dans notre souvenir par des *signes*, c'est-à-dire des images sensibles, concrètes, qui éveillent dans notre pensée l'idée non sensible et abstraite. Les signes assemblés d'après certaines règles et servant à faire comprendre la pensée forment le *langage*.

6. **Le jugement.** — Le *jugement* nous permet de *comparer* deux idées, d'*affirmer* l'une de l'autre, ou de *nier* l'une de l'autre, d'établir en un mot un *rapport de convenance ou de disconvenance entre ces deux idées*. L'expression de ce jugement forme une *proposition*, dans laquelle les deux idées sont le *sujet* et l'*attribut* ; le rapport établi entre elles est exprimé par le *verbe*. Le verbe essentiel est le verbe *être*, qui établit un rapport entre deux idées, Dieu est bon, je suis parlant, c'est-à-dire je parle. On voit que dans ce dernier exemple le verbe être et l'attribut sont réunis, cette réunion donne naissance aux verbes attributifs. Les jugements seront *affirmatifs* ou *négatifs*, ils seront *singuliers* quand ils auront pour sujet un seul objet exprimé par un *nom propre*, ils seront *généraux* quand ils auront pour sujet une idée générale exprimée par un *nom commun* ; ils seront *particuliers*

quand ils auront pour sujet une partie d'une idée générale, une idée générale restreinte dans son extension, par exemple quelques hommes au lieu de tous les hommes.

7. Le raisonnement. — Quand le rapport entre deux termes ne pourra pas être établi directement par le jugement, on y parviendra en choisissant des termes intermédiaires que l'on comparera d'abord avec les termes donnés et qui permettront d'arriver comme par degrés au rapport cherché. Cette opération qui consiste à établir un rapport entre deux termes donnés, grâce à des comparaisons préparatoires avec des termes intermédiaires, s'appelle un *raisonnement*. Le raisonnement se composera donc de deux parties : 1° des propositions préliminaires, préparatoires, d'où l'on tire la vérité que l'on cherche et que l'on appelle des *preuves* ou des *prémisses* ; 2° de la proposition finale, qui contient le rapport cherché entre les termes donnés et que l'on appelle *conséquence, corollaire* ou *conclusion*.

Si les prémisses sont formées par des idées générales plus larges que la conclusion, le raisonnement sera *déductif*, il prendra le nom de *déduction*. Par exemple nous passons de cette idée générale : tous les hommes sont mortels, à cette autre particulière : Socrate est mortel. Si les prémisses sont au contraire plus particulières que la conclusion, le raisonnement va en montant, du moins au plus, il sera *inductif* et prendra le nom d'*induction* : une pierre est tombée un jour, donc toutes les pierres tomberont.

Ces dernières opérations, qui consistent à former des idées générales ou abstraites, des jugements et des raisonnements étaient appelées autrefois les *trois opérations de l'esprit*, parce qu'elles étaient particulièrement importantes dans la formation des sciences.

8. Les caractères de la science. — 1° On peut comprendre maintenant que les sciences, pour pouvoir jouer leur rôle, doivent être formées par des idées *générales* et s'appliquer non seulement à un grand nombre de faits, mais à tous les faits du même genre. La loi de Mariotte déclare que le volume occupé par un gaz est en raison inverse de la pression qu'il supporte ; cette loi doit être vraie de tous les gaz, dans tous les lieux et dans tous les temps où l'on pourra faire la vérification. « Il n'y a point, disaient les anciens, de science du particulier, *non est fluxorum scientia*, il n'y a de science que de ce qui est général. » Il serait en effet bien inutile de connaître un phénomène particulier survenu dans Paris aujourd'hui, si ce phénomène qui s'est produit une fois par hasard ne devait plus jamais réapparaître. Une connaissance n'est utile, n'augmente notre prévision et notre puissance que si elle s'applique à l'avenir, à des phénomènes futurs identiques à ceux que nous avons observés, en un mot si elle est générale.

2° Les sciences sont *abstraites*, car on a vu que les idées ne sont générales qu'en négligeant les caractères de tel ou tel phénomène en particulier, en devenant abstraites.

3° Les sciences doivent être *certaines*, c'est-à-dire que nous ne devons avoir dans l'esprit qu'une seule idée bien nette à propos de chaque objet. La présence de plusieurs idées contradictoires à propos d'un même objet, l'oscillation de l'esprit entre ces diverses idées, ce qui constitue le *doute* ne saurait s'accorder avec l'idée que nous nous faisons de la science, car ces hésitations ne nous permettraient ni de prévoir, ni d'agir.

9. **Les lois scientifiques.** — Enfin, la science ne nous satisfait que si elle *explique* les choses. Or, nous ne comprenons pas les faits *isolés* les uns des autres, formant autant de pensées distinctes et inconciliables ; notre esprit, qui cherche partout l'unité, veut que les choses se lient entre elles et forment un tout harmonieux.

Nous comprenons les faits quand nous les avons *rattachés les uns aux autres*, quand nous apercevons entre eux des *rapports* bien nets.

Quelquefois, dans les cas les plus simples, nous nous bornons à réunir les phénomènes par le *rapport de ressemblance*, plus souvent nous cherchons à établir entre eux des *rapports de simultanéité* ou de *successions régulières*, enfin dans les études les plus avancées nous établissons entre les faits des *rapports de quantité mathématique*. Ces rapports de *dépendance* entre les phénomènes, rapports plus ou moins précis suivant les cas, mais toujours réguliers, car ils se retrouvent toujours les mêmes entre les phénomènes du même genre, ont été le plus souvent décrits sous le nom de *rapports de causalité*. La causalité est donc un rapport de dépendance entre deux phénomènes, rapport tel que nous ne concevons pas le premier sans le second ni le second sans le premier, et que nous les unissons toujours entre eux par une relation déterminée.

Ces relations de causalité sont essentielles dans la science. « Savoir véritablement, a dit Bacon (*), c'est savoir les causes, *vere scire per causas scire.* » La connaissance de ces relations nous permet de prévoir les événements qui vont accompagner ou suivre un premier fait. Elle nous rend capables de produire ou d'éviter les phénomènes naturels. Aussi ces relations désignées sous le nom de *lois naturelles* forment-elles la partie essentielle de toute science positive.

10. La science, l'art et l'industrie. — Quoique toutes les opérations de l'esprit se ressemblent par quelques côtés, la science doit être distinguée de l'art et de l'industrie, que l'on est parfois disposé à confondre avec elle. La *science* cherche à connaître et à décrire tous les faits de la nature, comme ils sont, sans rien éliminer, sans rien supprimer, « il n'y a rien de vil dans le temple de Jupiter », disait Marc-Aurèle (*) ; elle résume tous les faits dans des propositions générales et abstraites, et ne se permet pas de modifier la nature. L'*art*, au contraire, a des choix et des préférences, il déclare qu'un objet est beau et qu'un autre est laid, et il décrit d'une façon complète et concrète les objets particuliers qui lui semblent bien, sans chercher à les résumer tous, enfin il cherche à transformer, à perfectionner la nature.

L'*industrie* se rapproche davantage de la science, puisqu'elle n'en est qu'une application pratique, mais elle se préoccupe sans cesse de l'intérêt matériel et immédiat, tandis que la science est plus désintéressée et ne cherche que les vérités générales.

§ 2. — Les Méthodes scientifiques.

11. La méthode. — On donne le nom de *méthodes* à un *ensemble de règles* que nous suivons pour atteindre plus sûrement et plus facilement la vérité, c'est une direction que l'on imprime à ses pensées. Sans doute le hasard peut nous aider à faire de grandes découvertes, mais il est plus sûr de savoir se diriger. « Il ne suffit pas, dit Descartes (*), d'avoir l'esprit bon, il faut encore le diriger bien. » « Un boiteux qui suit le bon chemin, dit aussi Bacon, devance le coureur qui s'égare hors de la route. » L'histoire prouve d'ailleurs que le progrès des sciences a été lié au progrès des méthodes.

Les méthodes que l'on suit pour arriver à la connaissance de ces vérités sont différentes suivant les objets que l'on étudie, et les règles de ces méthodes seront étudiées à propos des différentes sciences.

Nous ne pouvons signaler ici que les méthodes générales, qui doivent être appliquées dans toutes les études scientifiques.

12. Règle de l'évidence, méthode du libre examen. — Signalons en premier lieu une règle fondamentale sans laquelle il n'y a pas de science et qui constitue l'esprit scientifique. C'est la règle que Descartes exprimait la première dans son *Discours sur la méthode :* « La première règle, disait-il, est de ne recevoir jamais aucune chose pour vraie qu'on ne la connaisse évidemment être telle, c'est-à-dire d'éviter soigneusement la précipitation et la prévention et de ne comprendre rien de plus en ses jugements que ce qui se présente si clairement à l'esprit qu'on n'ait aucune raison de le mettre en doute. » Cette règle de l'*évidence* nous montre que dans les sciences on ne doit jamais « jurer sur la parole du maître » mais ne croire qu'à soi-même ou plutôt à ce qui paraît clair à notre raison. Cette règle est la négation d'une méthode qui avait dirigé toute la scholastique (*), la philosophie du moyen âge, la *méthode d'autorité*. On n'osait croire à une chose que d'après l'autorité des anciens et surtout l'autorité d'Aristote (*). Pascal (*), dans la « préface de son traité sur le vide », combat éloquemment ce respect superstitieux des anciens qui dans les choses de la science « étaient véritablement nouveaux en toutes choses et formaient l'enfance des hommes proprement ». Il défend la règle de l'évidence personnelle, posée avec netteté par Descartes et qui est devenue la règle du raisonnement scientifique.

Le savant doit donc être un esprit curieux de connaître et de connaître par lui-même. D'autres qualités seront nécessaires dans telle ou telle étude, mais la curiosité et l'indépendance sont le fonds de tout esprit scientifique.

13. L'analyse et la synthèse. — La deuxième et la troisième règle de la méthode de Descartes nous indiquent encore deux méthodes générales qui servent dans toutes les études scientifiques, l'*analyse* et la *synthèse*. « Le second précepte, de diviser chacune des difficultés que j'examinais en autant de parcelles qu'il se pourrait et qu'il serait requis pour les mieux résoudre. Le troisième, de conduire par ordre nos pensées en commençant par les objets les plus simples et les plus aisés à connaître, pour monter peu à peu, comme par degrés, jusques à la connaissance des plus composés. »

Analyser, c'est décomposer un tout, soit corporel soit spirituel, en ses éléments; il ne s'agit pas d'une division en parties quelconques qui seraient elles-mêmes complexes et irrégulières : l'analyse cherche les éléments constitutifs, c'est-à-dire les parties simples indécomposables groupées d'après leurs ressemblances et leurs différences dont l'ensemble forme le corps complexe. Pour faire une analyse anatomique il ne suffit pas de diviser arbitrairement un animal en quatre ou en cent parties, il faut séparer et mettre en groupes les os, les muscles, les vaisseaux, les nerfs, etc.

L'analyse est *réelle* lorsqu'elle sépare les éléments pouvant subsister à part, par exemple les deux gaz, l'oxygène et l'hydrogène, qui constituent l'eau ; elle est *idéale* quand elle sépare des éléments qui ne peuvent subsister à part et que nous n'isolons que par un effort d'imagination. Mais dans les deux cas l'analyse doit être *complète,* poussée aussi loin que possible, jusqu'aux éléments les plus simples, et *exacte,* c'est-à-dire qu'elle ne doit rien omettre.

La *synthèse* est l'inverse de l'analyse : elle doit *recomposer le tout avec ses éléments* ; la synthèse de l'eau dans l'eudiomètre sera *réelle,* les synthèses dans les sciences morales seront le plus souvent *idéales.* La synthèse doit être également *complète* et arriver s'il est possible à la reconstruction de l'objet avec toutes ses propriétés ; elle doit être *exacte,* n'omettre aucun élément découvert par l'analyse et ne pas en ajouter de nouveaux.

14. But de l'analyse et de la synthèse. — 1° *Le but* le plus apparent *de l'analyse* c'est de *simplifier.* L'esprit de l'homme est borné, les choses sont complexes, de là la nécessité de décomposer pour bien voir.

2° Mais cet avantage est commun à l'analyse et à la division, et il y a plus en faveur de l'analyse. Le but de l'analyse, c'est le but de la science elle-même, qui est de *savoir quels sont les principes constituants* des choses.

Le but de la synthèse est de faire connaître *comment le tout résulte des rapports des éléments.*

L'analyse et la synthèse répondent donc au double besoin

de la science : expliquer les causes par les effets, expliquer les effets par les causes. L'analyse part de la réalité et retrouve les principes, elle explique donc les causes par les effets. La synthèse part des principes et refait les réalités, elle explique donc les effets par les causes. Or c'est là toute la science.

15. **Rapports de l'analyse et de la synthèse.** — Ces deux méthodes *se complètent l'une l'autre* et ne peuvent être séparées. La synthèse vient compléter l'analyse en nous montrant les *rapports entre les éléments*, leur disposition. Il ne suffit pas de connaître les rouages d'une montre, il faut en connaître l'agencement. La synthèse est aussi la *preuve* de l'analyse. Si, en prenant les éléments trouvés par l'analyse et ceux-là seulement, vous reconstituez le tout, vous avez la preuve que votre analyse était complète. L'analyse des substances organiques, faite depuis longtemps mais considérée comme douteuse, a été confirmée par la synthèse de ces substances, que la chimie organique parvient aujourd'hui à accomplir.

D'autre part, la synthèse peut encore bien moins se passer de l'analyse. Si l'on n'a pas découvert préalablement les véritables éléments qui constituent un objet, on ne pourra essayer de le construire par synthèse qu'en employant des éléments imaginaires et on ne parviendra ni à expliquer ni à reproduire les choses réelles. Bien des systèmes philosophiques, le matérialisme par exemple, sont de ce genre : ils veulent reconstruire l'univers tout entier sans que les sciences en aient encore découvert les éléments.

L'analyse et la synthèse sont donc également nécessaires; elles s'accompagnent toujours dans les opérations les plus simples comme dans les plus compliquées de notre intelligence. On peut remarquer que l'analyse sert davantage pour découvrir la vérité, « c'est, comme le disait Port-Royal (*), une méthode d'invention et de résolution » ; la synthèse ou « méthode de composition, méthode de doctrine », est plus importante quand il s'agit d'enseigner aux autres la vérité déjà découverte.

§ 3. — LES SCIENCES. — CLASSIFICATION DES SCIENCES.

16. **Les sciences particulières.** — Les premiers savants ont espéré réunir ainsi dans une étroite dépendance

absolument tous les phénomènes de l'univers; la philosophie, surtout la *philosophie des anciens Grecs*, prétendait former une *science universelle* où tous les événements, aussi bien ceux du monde moral que ceux du monde physique, seraient reliés les uns aux autres et expliqués l'un par l'autre.

Mais bientôt une pareille entreprise parut trop ambitieuse et irréalisable: les systèmes des philosophes ne parvenaient pas à réunir tous ces phénomènes si différents les uns des autres. Quelques chercheurs entreprirent une œuvre plus modeste; ils se bornèrent à étudier un *groupe de faits* présentant entre eux plus d'analogie et des dépendances plus faciles à constater. Au lieu de chercher les relations entre les phénomènes de l'astronomie et ceux de la physiologie ou de l'histoire, ils étudièrent à part les phénomènes astronomiques, physiologiques ou politiques et ne déterminèrent des lois qu'entre des faits très rapprochés l'un de l'autre. Ces tentatives amenèrent la formation des *sciences particulières*, qui se développèrent peu à peu à côté de la philosophie générale.

17. Classification des sciences d'après Aristote.— Quand ces études particulières furent devenues très nombreuses, il fallut les *classer* et déterminer leurs relations, leur hiérarchie. *Aristote*, qui avait déjà étudié un grand nombre de sciences particulières, admettait une science fondamentale, la philosophie première, et mettait au dessous les autres études, qu'il rangeait en trois grandes classes: 1° les sciences *poétiques* (ποιεῖν, faire quelque chose), les sciences qui apprennent à créer, à construire quelque chose; 2° les sciences *pratiques* (πράττειν, agir), les sciences qui étudient l'action en elle-même, l'action individuelle (morale), l'action dans la famille (économie domestique), l'action dans l'état (politique); 3° les sciences *théoriques* (θεωρεῖν, contempler), les sciences qui contemplent et décrivent la nature.

18. Classification de Bacon. — Au dix-septième siècle le philosophe anglais *Bacon* proposa une autre classification des sciences d'après les facultés de l'esprit qui contribuent surtout à les former. Il distinguait des sciences de *mémoire* (histoire naturelle, histoire politique), des sciences d'*imagination* (rhétorique, beaux-arts) et des sciences de *raisonnement* (mathématiques, physique). Cette classification repose sur une supposition peu exacte, c'est qu'une seule faculté de

l'esprit joue un rôle prédominant dans une catégorie de sciences ; en réalité l'imagination intervient dans les mathématiques comme le raisonnement dans l'histoire.

19. Classification d'Ampère. — *Ampère* (*) classe les
sciences d'après leurs objets, et comme tous les objets à connaître peuvent, en définitive, se ranger en deux groupes, il
divise toutes les sciences en deux classes : 1° celles qui s'occupent du *monde matériel*, de la nature, *sciences cosmologiques*
(κόσμος, λόγος) ; 2° celles qui s'occupent du *monde moral*, de
l'esprit, *sciences noologiques* (νόος, esprit ; λόγος, science).

20. Classification d'A. Comte et de H. Spencer. —
Auguste Comte a groupé les sciences d'après la *complexité*
plus ou moins grande de leur objet. Les premières étaient les
mathématiques, qui avaient pour objet des vérités très simples et par conséquent *très abstraites* ; puis venaient l'*astronomie*, la *physique*, la *chimie*, la *biologie*, la *sociologie*, qui ont
des objets de plus en plus *complexes*. En effet, les êtres
vivants, et surtout les sociétés humaines, qui sont étudiés par
ces dernières sciences, présentent des phénomènes physiques
et moraux infiniment variés et d'une complexité extrême.

Herbert Spencer(*) ne modifia pas beaucoup la classification précédente : il remarqua simplement que les premières
sciences, la logique, les mathématiques, ne s'occupent que des
formes vides dans lesquelles nous classons les phénomènes, et
il les appelle des *sciences abstraites*. Les secondes, comme
la physique et la chimie, abordent déjà l'étude des phénomènes réels : ce sont des *sciences abstraites-concrètes* ; les
dernières, la biologie, par exemple, étudient les objets les
plus complexes, les êtres, ce sont des *sciences concrètes*.

21. Hiérarchie des sciences. — Ces classifications
nous montrent qu'il existe une dépendance entre les diverses
sciences. Les phénomènes les plus complexes étudiés par les
dernières sciences renferment les caractères qui appartenaient déjà à des phénomènes moins complexes, ils les com-
pliquent seulement par l'adjonction de phénomènes nouveaux. *Les sciences les plus élevées supposent donc les connaissances fournies par les sciences inférieures.* La physique
serait impossible sans les mathématiques, la chimie sans la
physique, la biologie sans la chimie, les sciences morales et
sociales sans la biologie. Les études placées les premières, les

mathématiques ou la physique par exemple, s'appliquent a des phénomènes qui se retrouvent dans toutes les autres études, elles sont donc très générales quoique en étant moins complexes. Les dernières sciences, la biologie et la sociologie, ont des objets plus particuliers et plus complexes, c'est-à-dire plus concrets. C'est cette *dépendance des sciences* d'après leur *ordre de complexité croissante* et de *généralité décroissante* qui forme la hiérarchie des sciences. Il est intéressant de remarquer que cet ordre est aussi celui dans lequel les différentes sciences se sont développées ; les études les plus abstraites, les mathématiques, ont atteint de bonne heure une précision rigoureuse dans la détermination des lois de quelques phénomènes très simples, tandis que les sciences biologiques sont encore arrêtées par l'observation très longue de phénomènes extrêmement complexes.

CHAPITRE II.

Les Sciences Mathématiques : leur objet, leurs principales divisions. Méthode : définitions, axiomes, démonstrations.

§ 1. — LES SCIENCES MATHÉMATIQUES.

22. Caractères des sciences mathématiques. — Les mathématiques, ainsi que leur nom même l'indique (μαθήματα, sciences), sont les sciences par excellence, les sciences *exactes*. Du moins, si le caractère essentiel des sciences est la *certitude*, comme le pensait Descartes, les mathématiques possèdent ce caractère au plus haut degré. Leurs démonstrations sont si rigoureuses que les vérités établies par elles sont non seulement certaines, mais absolument *générales* et *nécessaires*. Non seulement nous savons que les choses sont ainsi dans un cas déterminé, mais encore nous sommes convaincus qu'elles sont *toujours* ainsi et *ne peuvent pas être autrement*. Une vérité, en effet, est nécessaire quand notre esprit n'est pas capable de concevoir la pensée contraire. Ce caractère existe au plus haut point dans les mathématiques, car des propositions contraires à celles qu'elles enseignent nous semblent tout à fait *absurdes* et inconcevables.

23. Objet des sciences mathématiques. — C'est à la simplicité de leur objet que les sciences mathématiques sont principalement redevables de leur certitude. Au lieu d'étudier les phénomènes de la nature dans toute leur simplicité, elles ne considèrent qu'une seule de ces propriétés isolée des autres par l'abstraction. Cette propriété c'est la *grandeur*, ce caractère par lequel les choses sont *susceptibles de plus ou de moins*. Les mathématiques se proposent de *mesurer* les grandeurs, c'est-à-dire de *déterminer les rapports des grandeurs les unes avec les autres*, la mesure étant le rapport d'une grandeur quelconque à une autre grandeur prise pour unité. « On se propose constamment dans les mathématiques, dit Auguste Comte (*), de déterminer les grandeurs les unes par rapport aux autres d'après les relations précises qui existent entre elles. »

La grandeur et la mesure qui semblent se rencontrer dans bien des objets ne sont réellement bien nettes que dans un

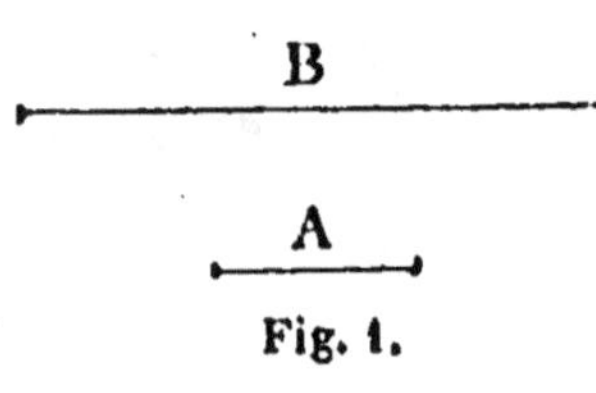

Fig. 1.

seul cas : elles sont des caractères, des propriétés de l'*étendue*. Pour mesurer une grandeur, par exemple la ligne B (fig. 1), il faut pouvoir comparer avec elle, porter sur elle un certain nombre de fois une autre grandeur, la longueur A, prise comme unité. Cela n'est possible que si A et B existent en même temps, si ces grandeurs *coexistent*. La *coexistence* est précisément le caractère essentiel de l'étendue.

Aussi les mathématiques, qui traitent de la quantité, étudient-elles en même temps et par cela même les *propriétés de l'étendue*, elles n'arrivent à concevoir d'autres grandeurs, la *mesure du temps*, par exemple, qu'en les comparant aux mesures de l'étendue, qui sont les mesures par excellence.

24. Utilité des sciences mathématiques. — Ces études nous donnent le plus bel exemple de certitude et de rigueur scientifiques, elles habituent notre esprit à la précision. Elles nous indiquent les lois de la grandeur et de l'espace, c'est-à-dire les lois les plus générales de l'univers. Ces lois ne sont pas étudiées seulement en elles-mêmes, elles sont surtout utiles pour les études des autres sciences. Elles permettent de déterminer, de mesurer exactement les faits étudiés par la physique et la chimie ; elles fournissent des relations précises entre des grandeurs, et les autres lois seront construites d'après ces modèles. Les mathématiques servent donc à classer et à expliquer les autres faits physiques, c'est là ce qui donne à ces sciences leur valeur et leur portée universelles.

§ 2. — Les Principales divisions des Mathématiques.

25. Divers degrés d'abstraction. — L'objet étudié par les mathématiques, quoique toujours abstrait, présente des degrés de simplicité plus ou moins grande, ce qui permet de distinguer les sciences *mathématiques proprement dites* et les siences *physico-mathématiques*.

26. La géométrie. — Cette science, l'une des plus anciennes, étudie les grandeurs par excellence, les *grandeurs étendues* ; elle est la *science des formes et des figures qu'il est possible de tracer dans l'espace*, ainsi que la *science des rapports nécessaires que soutiennent entre eux les différents éléments des figures étendues*. La *géométrie pure* raisonne directement sur ces figures, les compare sans rien emprunter aux théorèmes et aux formules de l'algèbre ; elle étudie d'abord des figures *planes*, dont toutes les parties sont situées dans un même plan et qui n'ont que deux dimensions, la longueur et la largeur, puis elle aborde l'examen des *figures dans l'espace*, qui ont leurs parties situées dans différents plans et qui présentent trois dimensions, longueur, largeur et profondeur. A la géométrie dans l'espace se rattache la *géométrie descriptive, qui est l'art de représenter des figures solides par leurs projections sur deux plans perpendiculaires.*

27. L'arithmétique. — Cette étude est plus abstraite que la géométrie ; elle néglige la forme des figures et les grandeurs concrètes pour ne considérer que les idées de quantité et de nombre sans les supposer en aucun objet particulier. Cette indétermination permet d'obtenir des vérités très générales; elle nous fait connaître par exemple des propriétés du nombre 10 s'appliquant à dix arbres aussi bien qu'à dix maisons. Grâce à elle, nous pouvons classer et comprendre une foule d'objets.

28. L'algèbre. — Si on abstrait encore davantage, on ne considère plus dans *l'algèbre* que les *rapports entre les nombres* sans tenir compte de la valeur particulière de ces nombres. Cette indétermination plus grande *simplifie* et *généralise* encore les opérations de l'arithmétique. La *géométrie analytique* se rattache à l'algèbre ; elle n'est qu'une application de l'algèbre à la géométrie. Cette science s'affranchit de la considération directe des figures et leur substitue de simples expressions algébriques. La *trigonométrie* peut être considérée comme une branche de la géométrie analytique.

On peut abstraire encore davantage, ne considérer que la *dépendance d'une quantité par rapport à une autre* sans savoir quelle relation exacte relie les variations de ces quantités. On dit alors que ces quantités sont *fonctions* l'une de l'autre, et l'étude des fonctions est la partie la plus élevée des mathématiques pures.

29. Les sciences physico-mathématiques. — Ces sciences sont au contraire des études plus concrètes qui ajoutent aux objets de la géométrie et de l'algèbre la considération de nouveaux éléments. La *mécanique* examine les *lois du mouvement*, et comme le mouvement demande toujours un certain temps pour s'exécuter, elle introduit la *notion de durée*. Les notions de *force*, de *masse*, de *vitesse*, dérivent des premières et viennent s'y ajouter.

La *mécanique céleste* ou *astronomie* semble étudier des objets physiques, les astres, mais puisqu'elle ne peut guère considérer en eux que les situations et les mouvements, elle se rattache encore aux sciences physico-mathématiques.

Enfin le *calcul des probabilités*, qui a pris naissance à propos du règlement des jeux et du partage des enjeux, détermine les chances des événements, leur degré de vraisemblance. Il s'appuie sur des lois physiques qui règlent la production des phénomènes et rentre dans le même groupe d'études.

§ 3. — Méthode des sciences Mathématiques, la déduction.

30. L'observation dans les sciences mathématiques. — Il est probable que les premières études mathématiques ont débuté comme toutes les autres par *l'observation des faits*. Les premiers hommes ont remarqué des formes analogues, des objets ayant trois ou quatre côtés ; ils ont étudié et classé les propriétés de ces formes et de ces quantités. Mais ces phénomènes étaient si simples que les hommes les ont négligés pour ne s'occuper que des *lois*, c'est-à-dire des relations constantes et nécessaires que les forces et les quantités présentent entre elles.

31. Le raisonnement déductif. — Aussi la méthode des sciences mathématiques n'est-elle plus la même que celle des autres sciences de la nature, elle est devenue essentiellement *déductive*. Son point de départ n'est plus un fait particulier mais une loi déjà formée, une idée très générale, et le raisonnement mathématique a pour but de déduire des conséquences aussi nombreuses que possible de ces quelques idées primitives. Il en résulte une très grande *simplicité*, puisque toutes les propositions découlent rigoureusement d'un petit nombre de principes très clairs et très évidents, et une très grande *certitude*, puisque toutes ces conséquences sont obtenues par le raisonnement le plus sûr, le raisonnement déductif.

Nous étudierons d'abord ces *principes*, ces idées simples et générales qui servent de point de départ aux mathématiques, puis *le raisonnement qui en déduit les conséquences.*

§ 4. — Principes des sciences Mathématiques.

Ces idées primitives forment trois groupes ; on les appelle des *axiomes*, des *postulats*, des *définitions*.

32. Les axiomes. — On donne ce nom à des propositions *évidentes et nécessaires*. Elles sont évidentes, c'est-à-dire qu'*aussitôt énoncées on les conçoit comme vraies*; nécessaires, c'est-à-dire que *notre esprit est incapable de concevoir la proposition contraire*. On peut citer parmi les principaux axiomes les propositions suivantes: le tout est plus grand que la partie, deux quantités égales à une troisième sont égales entre elles. Ces propositions nous paraissent évidentes sans démonstration, parce qu'elles sont très simples, mais cette démonstration que l'on se dispense de faire à cause de sa simplicité est cependant possible. Le tout par exemple étant défini la somme des parties, il serait *contradictoire* que le tout fût égal à une partie : ce serait dire qu'il est et qu'il n'est pas la somme des parties. La démonstration dépend ici de l'impossibilité pour notre esprit d'admettre la contradiction. Les sciences peuvent en effet être considérées comme des *corollaires*, des conséquences d'une proposition beaucoup plus générale, le *principe d'identité* ou de *non contradiction* : « une chose est ce qu'elle est et n'est pas ce qu'elle n'est pas. » Ce principe est une loi générale de notre intelligence, et les axiomes sont donc simplement l'expression des lois de la pensée humaine dans leurs applications aux notions qui font l'objet des mathématiques.

Ainsi entendus, les axiomes ne sont pas à proprement parler les prémisses des raisonnements mathématiques, ce sont des propositions qui, isolées, seraient stériles, et dont on ne peut déduire aucune conséquence. Mais ils sont la condition, la règle du raisonnement, ils sont au raisonnement mathématique ce que le principe d'identité est à la pensée en général, la condition sous-entendue qui rend toute déduction possible.

33. Les postulats. — *Les postulats sont des propositions également admises sans démonstration, mais qui n'ont ni l'évidence ni la nécessité des axiomes.* Le plus célèbre est le *postulat d'Euclide*, au début de la géométrie : par un point situé à l'extérieur d'une droite, on ne peut faire passer qu'une seule parallèle à cette droite. Ces propositions sont indispensables à la suite des raisonnements mathématiques, et si on les admet malgré l'insuffisance de leur démonstration, c'est qu'elles expriment des *faits d'expérience* incontestables. Nous voyons ici que l'expérience n'est pas entièrement bannie des mathématiques et qu'il est impossible de penser sans admettre des faits concrets qui sont la matière du raisonnement.

34. Les définitions. — Les définitions sont la partie la plus importante et la plus féconde des principes mathématiques ; elles expriment les *notions générales sur les grandeurs et les formes,* notions dont le raisonnement déductif fera dériver toutes les propositions particulières. Elles déterminent pour ainsi dire la *circonscription* d'une idée et énumèrent les éléments qui y entrent.

Ces notions mathématiques sont exprimées par des signes : on appelle *algorithmes* les systèmes de signes employés ainsi pour représenter un ensemble d'idées mathématiques ; les chiffres, par exemple, sont un algorithme qui représente notre conception des nombres. Il est très important que ces signes soient bien choisis, et les progrès des mathématiques ont toujours marché de pair avec les progrès des signes qui servaient à les représenter. Pour s'en rendre compte on n'a qu'à essayer de faire une opération simple, une multiplication par exemple avec des nombres écrits en chiffres romains,   MDCLXXIX × XLVII.   Condillac (*), dans son petit traité sur la langue des calculs, montre combien l'opération est difficile et combien elle est plus simple si on écrit les nombres avec des chiffres arabes :   1679×47.   Il faut que le langage soit bien *analogique*, c'est-à-dire que les rapport entre les signes correspondent bien avec les rapports qui existent entre nos pensées.

35. Théorie rationnelle des définitions mathématiques. — Les mathématiciens qui acceptent l'explication rationnelle des définitions, les comparent aux axiomes et pensent que les notions des nombres et des figures *existent toutes formées dans notre esprit avant toute expérience ;* ils les rapprochent de ces idées innées dont parlait Descartes, qui étaient dans notre esprit avant que nous ayons senti aucun fait du monde extérieur. S'il en est ainsi, comment se fait-il que chacun de nous soit resté jusqu'à ce jour sans penser à beaucoup de nombres et sans se représenter beaucoup de figures ? Certaines figures géométriques sont assez difficiles à se figurer, et certaines définitions sont difficiles à concevoir ; certaines peuplades sauvages sont incapables de former les nombres au delà de 5 ou de 10 ; si ces figures et ces nombres étaient tous formés dans l'esprit humain, ces efforts et ces impuissances ne s'expliqueraient pas.

36. Théorie sensualiste des définitions. — Au contraire, des mathématiciens que l'on peut appeler *sensualistes* prétendent que les définitions sont *l'expression plus ou moins abstraite de certains faits d'expérience.* Le nombre 5 et le nombre 10, principe du système décimal, seraient formés par la considération de nos doigts, le cercle géométrique ne serait que l'image d'une roue ou celle du soleil. Cette théorie ne peut être admise d'une façon absolument complète. Si nous considérons d'abord les *nombres*, nous voyons bien des notions dont l'expérience ne peut rendre compte : les *très* *grands nombres*, mille, un million, etc, n'ont jamais été perçus par nos sens et ne peuvent même pas être représentés par notre imagination. La logique de Port-Royal proposait à ce propos l'expérience suivante : que l'on essaye de se représenter un killogone, un polygone de mille côtés, et près de lui un myriagone ou polygone de dix mille côtés, et que l'on essaye de voir la différence qu'il y a entre eux. Notre imagination nous représente vaguement des polygones très semblables à des circonférences, dont les côtés sont très petits et les angles très obtus, mais ne nous permet pas de constater les différences précises qui existent cependant dans la conception géométrique de ces deux figures. De même l'expérience ne nous présente pas la notion de la *série*, de la *croissance régulière des nombres* ; enfin d'une façon générale il n'est pas juste de dire que l'expérience sensible nous donne la notion d'un nombre. Il ne suffit pas de *voir* un groupe d'objets pour avoir aussitôt *l'idée de leur nombre*. Les sauvages, les idiots, les animaux, qui perçoivent comme nous les objets ou les groupes d'objets n'ont pas l'idée des nombres.

Passons aux *figures géométriques ;* sont elles identiques aux objets que l'expérience nous présente? Elles sont d'abord plus *exactes* et plus régulières et il faudrait déjà qu'un travail d'abstraction ait transformé les données de l'expérience. Mais elles ont surtout trois propriétés essentielles qui ne peuvent être formées par aucune sensation. 1° Les notions que nous avons des figures géométriques sont *certaines* : il est complètement certain, sans aucune chance d'erreur, que les rayons du cercle sont égaux. Or aucun fait sensible ne présente une pareille certitude : quelle que soit la précision des mesures employées pour mesurer les rayons d'une roue, nous ne pouvons jamais affirmer que des procédés encore plus exacts ne révéleraient pas quelque irrégularité. 2° Ces définitions sont *générales;* ce qui est vrai d'un cercle est vrai de tous les autres, tandis que les mesures effectuées sur une roue ne valent jamais rien pour la seconde. 3° Les définitions sont *nécessaires*, nous sentons que les choses ne peuvent pas être autrement tandis que nous nous bornons à constater ce que sont les faits physiques sans concevoir leur nécessité. Pour toutes ces raisons, les définitions mathématiques ne peuvent pas être assimilées à de simples notions expérimentales.

37. Construction des définitions par l'esprit. — Ces notions n'étant pas données toutes faites soit dans l'esprit, soit dans l'expérience, il faut donc que l'homme les forme lui-même, qu'il les *construise*. Les définitions mathématiques sont des *constructions*. Le nombre est *engendré* par l'*addition des unités*, la sphère est la figure *engendrée* par la révolution d'une demi-circonférence autour de son diamètre, la circonférence est la figure engendrée par la révolution d'une ligne droite autour d'une de ses extrémités, etc. Les *propriétés* de la figure sont certaines, générales et nécessaires, parce qu'elles *résultent de la construction toujours identique* de la figure et que la définition nous indiquait la *loi génératrice* de cette construction. Ces constructions sont faites par l'esprit avec des *éléments empruntés à l'expérience*. Les principaux de ces éléments sont l'*étendue*, le *mouvement*, le *point*, l'*individu* ; les premières notions sont empruntées sans doute à la connaissance du monde extérieur fournie par nos sensations, la dernière à la conscience que nous avons de notre personne. Ainsi dans les définitions se mêlent l'expérience et l'intelligence.

§ 5. — La démonstration mathématique, le Syllogisme.

La démonstration mathématique, qui tire les innombrables conséquences contenues dans les principes, se fait essentiellement par le raisonnement déductif. Certaines déductions sont très simples, on les appelle *immédiates*; certaines autres sont un peu plus compliquées, elles sont *médiates* et ont leur expression la plus parfaite dans le syllogisme.

38. La déduction immédiate. — Une déduction très immédiate est la *conversion des propositions*, qui consiste à *renverser une proposition* de manière à ce que le sujet devienne attribut et l'attribut sujet sans changer le sens de la proposition. Il suffit de renverser les termes *en conservant à chacun d'eux la quantité qu'il avait dans la proposition primitive* et en se souvenant que dans les propositions affirmatives l'attribut est un terme particulier, tandis qu'il est général dans les propositions négatives. Exemple, la proposition : tous les hommes sont mortels devient après conversion : quelques êtres mortels sont les hommes.

L'opposition des propositions, pour ne considérer que le

cas le plus simple, consiste à chercher *une proposition contra-dictoire* d'une autre, *telle qu'elle soit vraie si la première est fausse et fausse si la première est vraie.* Pour y parvenir on se rappellera que deux propositions *opposées en qualité* seulement ou *en quantité* seulement sont simplement *contraires* et peuvent être vraies ou fausses à la fois : « Tous les hommes sont honnêtes, aucun homme n'est honnête. » Deux propositions ne sont vraiment *contradictoires* que si elles sont *opposées en qualité et en quantité* : « Tous les hommes sont honnêtes, quelques hommes ne sont pas honnêtes. »

39. La déduction médiate. Définition du Syllogisme. — Le *syllogisme* est de beaucoup la forme la plus fréquente et la plus importante des déductions médiates. *Un syllogisme est un raisonnement déductif qui a pour but, étant donnés deux termes dont le rapport est inconnu, de trouver ce rapport au moyen d'un troisième terme dont le rapport avec les précédents soit supposé connu.* Ces rapports connus constituent des propositions données, les *prémisses* d'où l'on doit tirer le rapport cherché, c'est-à-dire la *conclusion.* Cherchons le rapport entre « coupable » et « malheureux » ; si nous ne le voyons pas immédiatement, nous prendrons comme intermédiaire un troisième terme, « inquiet, » dont les rapports avec malheureux et « coupable » sont connus, et nous pourrons dire :

les gens inquiets sont malheureux ;
or   les coupables sont inquiets ;
donc les coupables sont malheureux.

Cette définition nous apprend en même temps les *éléments constitutifs du syllogisme.* Il contient nécessairement *trois termes* : les deux termes donnés, appelés le *grand terme* et le *petit terme* d'après leur extension, et le *moyen terme*, qui sera intermédiaire. Ce raisonnement contient aussi *trois propositions* : les *deux prémisses* données, qui établissent un *rapport*, l'une *entre le grand terme et le moyen terme*, c'est la *majeure*, l'autre *entre le petit terme et le moyen terme*, c'est la *mineure*. Enfin la troisième proposition, la *conclusion*, contient le rapport cherché *entre le grand terme et le petit terme.*

40. Principe du syllogisme. — Ce qui fait la force du syllogisme, c'est qu'il met en évidence des *relations de contenance, d'inclusion* entre les termes. Quand nous disons « les inquiets sont malheureux », c'est que parmi les malheureux se trouvent les inquiets, que les inquiets forment une *espèce* du *genre* malheureux, ou encore que inquiet est dans l'*extension* de malheureux. De là vient que, comme le remarque Euler (*) dans ses lettres à une princesse d'Allemagne, on peut représenter cette majeure par deux cercles concentriques dont le cercle intérieur représentera inquiet et le cercle extérieur malheureux (fig. 2).

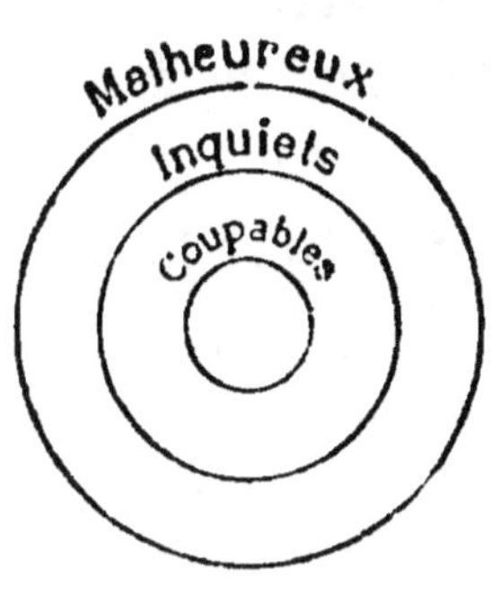

Fig. 2.

Passons à la mineure : coupables et inquiets se conviennent ; cela signifie que coupable est dans l'*extension* de inquiet. On peut représenter coupable par un nouveau cercle qui sera renfermé dans le cercle représentant le mot inquiet. Enfin la conclusion affirme que « coupables » et « malheureux » se conviennent. Cela signifie que coupable est dans l'*extension* de malheureux, et on n'a qu'à jeter les yeux sur la figure pour voir que cette conclusion résulte nécessairement des prémisses.

Le principe servant de fondement à ce raisonnement est donc celui-ci : *ce qui est vrai du contenant, du genre, est vrai du contenu ou de l'espèce*, et ce principe n'est qu'un dérivé du *principe d'identité ou de contradiction*, qui règle comme on l'a vu tous les raisonnements mathématiques.

41. Règles du syllogisme. — Pour que ces principes puissent s'appliquer, il ne faut évidemment pas que les termes et les propositions soient pris au hasard et certaines *conditions* doivent être remplies sans lesquelles le syllogisme n'existe pas. Ces règles ont été ramenées à *huit*, dont quatre concernent les termes et quatre les propositions.

Voici quelques-unes des règles principales : le syllogisme ne doit contenir que trois termes, c'est-à-dire qu'il ne faut pas prendre un des termes dans deux acceptions différentes. La conclusion doit être plus particulière que les prémisses, c'est le caractère essentiel du raisonnement déductif. Deux prémisses négatives, ou deux prémisses particulières n'amènent aucune conclusion.

42. Diverses formes du syllogisme. — Les syllogismes corrects, soumis à ces règles, peuvent varier de deux manières : en *figure* et en *mode*. La *figure* dépend *de la place du moyen terme* dans les prémisses ; il peut être deux fois sujet, deux fois attribut, sujet puis attribut ou bien attribut puis sujet, et il en résulte *quatre figures*. Le mode dépend *de la nature des propositions*, générales ou particulières, affirmatives ou négatives, qui entrent dans le syllogisme.

43. Syllogismes irréguliers. — Il est rare que le syllogisme soit en pratique aussi simple, il peut être *plus complexe* et même *irrégulier*.

Les syllogismes *complexes* renferment *plus de propositions* que le syllogisme régulier ; la majeure renferme deux propositions : l'une principale, l'autre qui est une *condition* ou un *complément* de la proposition principale.

Si les hommes sont des animaux (proposition conditionnelle), ils sont mortels (proposition principale);

Or les hommes sont des animaux,

Donc ils sont mortels.

Parmi les syllogismes irréguliers, nous signalerons l'*enthymème*, dans lequel l'une des prémisses, la majeure le plus souvent, est sous-entendue, l'*épichérème*, syllogisme développé dans lequel chaque prémisse est accompagnée de sa preuve; le *prosyllogisme* ou *épisyllogisme*, argument composé de plusieurs syllogismes liés entre eux, la conclusion du premier servant de majeure ou plus généralement de mineure au second ; le *sorite*, argument composé de plusieurs propositions enchaînées de telle sorte que l'attribut de la première devienne le sujet de la seconde, l'attribut de la deuxième le sujet de la troisième, et ainsi de suite jusqu'à une dernière proposition qui réunit les deux termes extrêmes, le premier sujet et le dernier attribut ; le *dilemme*, argument qui pose une alternative, démontre que chacun des membres de l'alternative doit aboutir à la même conclusion et de là enfin que la conclusion est générale et nécessaire.

44. Utilité du syllogisme. — Le *moyen âge* a abusé du syllogisme, qu'il appliquait à toutes espèces d'études, mais depuis, par une réaction exagérée, l'étude de ce raisonnement a été trop méprisée. Il est important de le connaitre car il explique le mécanisme de nos pensées. « Il n'est pas plus ridicule, disait Hégel (*), de décrire les lois du syllogisme que d'étudier les faits de l'âme humaine et des différents êtres de la nature. » La connaissance du syllogisme nous permet d'apprécier la valeur des raisonnements et de dévoiler le vice d'une argumentation captieuse. « Un art d'infaillibilité y est contenu », disait Leibniz (*).

Enfin, le syllogisme intervient fréquemment dans les *démonstrations mathématiques*. Un exemple simple nous prouvera que la plupart des *théorèmes* sont démontrés par des syllogismes plus ou moins réguliers. Quand il s'agit de démontrer que la somme des trois angles d'un triangle est égale à deux angles droits (fig. 3), d'une part on a deux termes, la somme des angles du triangle ($\widehat{A} + \widehat{B} + \widehat{C}$), et de l'autre deux angles droits (2 dr'); le rapport entre ces deux termes n'est pas visible. On choisit alors un terme intermédiaire, la somme des angles formés autour d'un point d'un même côté d'une ligne droite, la somme des angles en A, ($\widehat{\widehat{A}}$) et on écrit

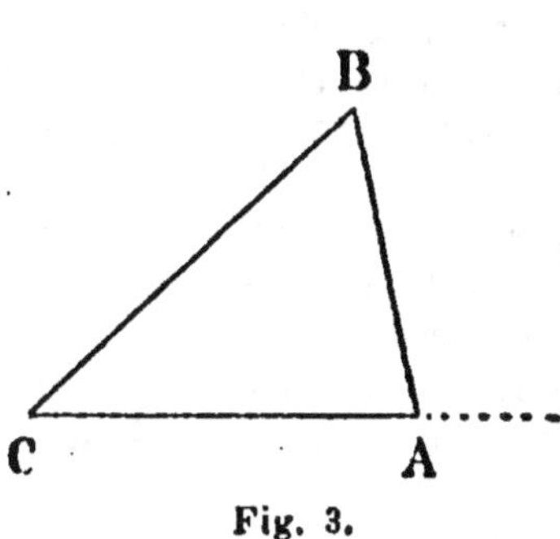

Fig. 3.

les rapports connus entre ce terme intermédiaire et les deux précédents. On a ainsi :

Majeure. La somme des angles en A, $\widehat{\widehat{A}} = 2$ dr.

Mineure. La somme des angles du triangle ($\widehat{A} + \widehat{B} + \widehat{C}$) = la somme des angles en A, $\widehat{\widehat{A}}$,

Conclusion : la somme des angles du triangle est égale à deux angles droits ($\widehat{A} + \widehat{B} + \widehat{C}$) = 2 dr. C. q. f. d.

La démonstration est ici formée par un véritable syllogisme régulier.

45. Analyse et synthèse mathématique. — Souvent le raisonnement mathématique n'est pas aussi simple et la déduction se fait d'une façon plus particulière. L'*analyse* mathématique s'applique particulièrement aux problèmes à résoudre ; le problème est supposé résolu, on l'analyse, on cherche de quelles propositions il est constitué et l'on s'élève jusqu'aux conditions de ces propositions, on arrive ainsi à un théorème connu. On peut alors partir de ce théorème connu, en déduire par la *synthèse* les conséquences, jusqu'à ce que l'on parvienne à la proposition proposée, qui avait seulement été supposée vraie et qui se trouve maintenant démontrée.

46. Démonstration par l'absurde. — Dans certains cas la démonstration directe est impossible et l'on est obligé de recourir à la *démonstration par l'absurde*. On formule, grâce à la méthode de l'*opposition des propositions*, la proposition contradictoire de celle que l'on veut démontrer : on démontre que cette *contradictoire est fausse*, d'où l'on conclut que la première proposition était vraie. Ce n'est pas là une démonstration bien claire, car elle n'explique pas pourquoi la proposition étudiée se trouve être vraie, mais ce raisonnement permet d'attendre des preuves plus précises et rend souvent des services dans les démonstrations mathématiques.

Ces méthodes viennent compléter les diverses formes du raisonnement syllogistique et permettent de constituer ces longues chaînes de raisons, ces longues séries de formules qui serviront de modèles et d'explications aux autres sciences.

———————

CHAPITRE III.

Les Sciences de la nature : leur objet, leurs principales divisions, leurs méthodes ; l'expérience, les méthodes d'observation et d'expérimentation. La classification. L'hypothèse. L'induction. Rôle de la déduction dans les sciences de la nature.

§ 1. — OBJET, DIVISIONS PRINCIPALES DES SCIENCES DE LA NATURE.

47. Division générale. — Les sciences de la nature étudient les phénomènes et les êtres qui constituent le *monde physique*, la *nature* (φύσις) ; elles ont un objet extrèmement étendu qui peut facilement se diviser en *deux parties*. 1° *Les sciences physico-chimiques* étudient les *phénomènes* qui ont lieu dans la nature : fusion des corps par la chaleur, réflexion de la lumière sur les miroirs, combinaisons chimiques, etc. ;

elles cherchent à décrire tous ces faits, à déterminer les relations constantes qui existent entre eux, c'est-à-dire *leurs lois*. 2° Les *sciences naturelles* étudient les *êtres* mêmes qui remplissent la nature. Il ne s'agit pas bien entendu de la substance des êtres entendue au sens métaphysique, mais du groupe des caractères, des phénomènes qui constituent à nos yeux *un être* distinct des autres. En un mot les premières sciences étudient un *phénomène isolé*, la couleur d'un rocher isolée de son poids, de sa résistance, etc.; les sciences naturelles étudient la *réunion*, *le groupement* des phénomènes, de la couleur, du poids, de la résistance qui constituent précisément à nos yeux ce rocher ou cette plante.

48. La physique. — Parmi les sciences physico-chimiques nous comptons d'abord la *physique* avec ses différentes parties. La physique étudie les phénomènes qui se produisent dans la *constitution extérieure* des corps sans altérer profondément cette constitution. Ces phénomènes sont *passagers* et après leur production le corps revient à son apparence primitive. Un barreau d'argent placé dans un foyer de chaleur augmente de volume ; plus fortement chauffé, il devient liquide. Le métal a donc, par le seul fait de son échauffement, acquis des propriétés nouvelles. Pourtant, la nature de la substance n'est pas changée ; c'est toujours de l'argent, et si l'on retire le métal fondu du foyer, il reprendra bientôt de lui même son état et son volume primitifs. La dilatation de l'argent et sa fusion sous l'action de la chaleur sont des phénomènes physiques. Les principaux phénomènes dont l'étude forme les différentes parties de la physique sont la *pesanteur*, le *son*, la *lumière*, la *chaleur*, l'*électricité*, le *magnétisme*.

49. La chimie. — Les phénomènes étudiés par la *chimie* *modifient* plus profondément la constitution intime des corps et ils déterminent des changements *permanents*. Si on fait passer une étincelle électrique à travers un mélange d'oxygène et d'hydrogène, le mélange détone ; les deux gaz ont disparu et sont remplacés par un corps bien différent, qui est l'eau liquide à la température ordinaire ; il y a eu une transformation complète et définitive. Les phénomènes chimiques présentent deux ordres, ou deux degrés de complication. La *chimie inorganique* étudie les combinaisons plus simples qui existent entre des corps *matériels*, inorganiques, non doués de la vie. La *chimie organique* se préoccupe des matières organiques : on donne ce nom aux nombreux composés que l'on rencontre dans les *organes* des végétaux et des animaux. Ce nom a été ensuite étendu aux produits artificiels que l'on a pu obtenir en faisant réagir des matières organiques les unes sur les autres ou sur les matières minérales.

50. Les sciences naturelles. — Les sciences naturelles ont pour objet les êtres concrets ; elles comprennent d'un côté la *géologie* (étude de la terre) et la *minéralogie* (étude des minéraux) quand elles étudient les êtres non doués de vie, et d'un autre côté les *sciences biologiques* (βίος, vie, λόγος) quand elles étudient les êtres vivants. Cette dernière science examine les êtres vivants à deux points de vue différents. Tantôt elle décrit la *forme générale des animaux (zoologie),* des *plantes (botanique)* et les relations de ces diverses formes les unes avec les autres. Tantôt elle étudie les *organes* à l'aide desquels s'exercent les fonctions vitales, cœur, poumons, estomac *(anatomie),* tantôt elle étudie les *fonctions* mêmes de ces organes, circulation, respiration, digestion *(physiologie).* *L'anatomie et la physiologie humaines* prennent une grande importance à cause des innombrables applications pratiques qui en découlent pour *l'hygiène* et *la médecine.* Quand ces sciences examinent les *relations entre les fonctions de l'homme et celles des animaux,* elles deviennent *l'anatomie et la physiologie comparées* ; enfin, quand elles étudient les *fonctions élémentaires* qui restent les mêmes chez tous les êtres vivants, elles forment *l'anatomie et la physiologie générales.*

51. Méthode générale des sciences de la nature. — Toutes ces sciences sont essentiellement des *sciences de faits.* Les sciences biologiques sont à ce point de vue de la même nature que les sciences physico-chimiques. « Il est très vrai, dit le grand physiologiste Claude Bernard (*), que la vie n'introduit absolument aucune différence dans la méthode scientifique expérimentale qui doit être appliquée à l'étude des phénomènes physiologiques et que, sous ce rapport, les sciences physiologiques et les sciences physico-chimiques reposent exactement sur les mêmes principes d'investigation. » Toutes ces sciences ont leur point de départ dans la connaissance des phénomènes que nous donne l'*observation,* et par différentes méthodes, la *classification,* le *raisonnement par* *analogie,* l'*hypothèse,* l'*induction,* elles s'élèvent aux *définitions* et aux *lois générales.*

§ 2. — OBSERVATION ET EXPÉRIMENTATION.

52. L'observation. — Nous ne pouvons connaître les phénomènes du monde extérieur que par les *sensations* procurées par les *organes des sens.* L'*observation* c'est l'*usage attentif et réfléchi de nos sens* pour connaître la nature. Au lieu de rester immobile et passif vis-à-vis des phénomènes naturels, l'observateur fait effort et déploie une activité intellectuelle pour les bien apercevoir.

Tous nos sens sont mis en usage dans l'observation ; le goût sert à reconnaître certaines substances chimiques, l'odorat nous avertit de la présence d'un gaz, l'ouïe est nécessaire pour apprécier les sons musicaux, le toucher nous fait connaître des caractères essentiels de la matière, la température, la grandeur, la résistance surtout qui contribue à nous donner l'idée de la réalité. Mais de tous nos sens le plus important dans les observations scientifiques est le *sens visuel,* c'est lui surtout qui nous fait connaître, outre la couleur, ces notions importantes de la forme et du mouvement qui jouent un grand rôle dans les théories scientifiques. Cette prédominance du sens de la vue dépend sans doute de ce fait que le *champ visuel,* c'est-à-dire l'étendue que nous pouvons embrasser d'un seul coup d'œil, nous permet de voir un grand nombre de phénomènes simultanément et *rend possible la mesure,* ce caractère essentiel des sciences modernes.

53. Conditions physiques de l'observation. — L'observation exige chez le savant certaines conditions physiques et morales.

La plus importante des *conditions physiques,* c'est tout d'abord l'*intégrité* et même la *subtilité des organes des sens.* Un sourd ne peut faire de l'acoustique et un homme affecté de ce défaut du sens de la vue que l'on appelle le Daltonisme (1) serait évidemment peu propre à l'étude de l'optique. On remarque, il est vrai, que de grands savants ont pu faire des études sur la nature quoique aveugles et que chez eux la

______

(1) Le Daltonisme, maladie de la vue qui nous fait confondre les couleurs, en particulier le rouge avec le vert.

réflexion était plus importante que l'observation confiée à un aide. Ils ont pu faire ainsi des expériences dans lesquelles, ainsi qu'on le verra, la part du raisonnement est plus considérable que celle de la sensation, mais ils ne faisaient pas des observations proprement dites.

54. Instruments d'observation. — Mais nos sens sont loin de suffire dans les sciences de la nature, aussi invente-t-on une foule d'*instruments* qui en sont les puissants auxiliaires. 1° Ce sont d'abord les instruments *augmentant la portée de nos sens* ; le télescope, qui permet de voir loin, le microscope qui permet de voir des objets très petits. 2° Les instruments *augmentant la précision de nos sens*, tous les appareils de mesure, le mètre, le vernier, la balance, le thermomètre, le baromètre, l'hygromètre, le galvanomètre, etc. 3° Les *appareils enregistreurs*, qui ont pour but de remplacer et de supprimer l'observateur. L'homme, avec la mobilité et l'irrégularité de ses impressions, avec les imperfections de ses organes des sens, avec la durée plus ou moins grande qui est employée par les impressions pour traverser les nerfs, durée variable que l'on appelle *le temps de réaction, l'homme* est lui-même une *cause d'erreurs* dans les observations. Grâce à des appareils très nombreux aujourd'hui, les phénomènes viennent *s'inscrire* d'eux-mêmes d'une manière continue ou à intervalles réguliers. Tel est le sphygmographe, qui permet d'enregistrer les battements du pouls ; le pneumographe, qui inscrit les mouvements respiratoires, etc. Ces appareils permettent de constater avec la dernière précision des phénomènes que nos sens ne pourraient observer; ils indiquent surtout avec exactitude *le moment* et *la durée* de ces faits, enfin ils permettent d'*enregistrer simultanément* un grand nombre de faits et de constater avec précision leurs *coïncidences*. Tel est le météorographe du P. Secchi (*), dont les indications permettent de reconnaître quelle a été, dans une journée, la direction du vent et sa vitesse, la hauteur barométrique, la quantité de pluie tombée, l'état hygrométrique de l'air, la température. Toutes ces indications sont prises d'une manière continue pendant toute la journée, sans fatigue pour l'observateur et avec une précision qu'il n'aurait pu atteindre par ses propres sensations.

55. Conditions morales de l'observation. — L'observateur doit aussi avoir certaines *qualités morales*.

1º L'une des plus importantes est certainement la *curiosité*, une certaine *faculté d'étonnement*. Savoir trouver des sujets de surprise où le vulgaire ne voit rien que de tout naturel, se poser des questions, soulever des difficultés à propos de faits qui semblent simples à tout le monde, c'est là une des plus grandes qualités du savant. L'étonnement de Galilée (*) à la vue des mouvements réguliers d'une lampe, de Newton (*) à la vue de la chute d'une pomme ont été le prélude des plus grandes découvertes.

2º L'observateur doit savoir être *patient*, il faut regarder mille et mille fois le même phénomène pour y découvrir les détails importants et savoir tenir compte des plus petits accidents en apparence sans importance.

3º L'observateur doit être *impartial*, il doit se défaire de tout préjugé, car nous sommes facilement dupés par nos préventions, et il arrive trop souvent que l'on voit ce que l'on désire voir.

Ces qualités permettent de faire des observations *complètes* et *réitérées*, ce qui est la règle essentielle de ces recherches.

56. L'expérimentation. — Malgré ces efforts, l'observation restera souvent insuffisante. 1º Les phénomènes que l'on désire observer sont quelquefois *rares*, une éclipse ne se produit pas fréquemment, le passage de Vénus sur le Soleil est plus rare encore. 2º Les phénomènes naturels se produisent souvent dans des *conditions défavorables* pour l'observation, ou bien ils sont accompagnés de circonstances pénibles ou dangereuses qui troublent l'observateur, ou bien ils sont trop grands ou trop petits, trop lents ou trop rapides, en un mot disproportionnés par rapport à nos sens. 3º Les faits naturels sont toujours *très complexes*; la nature est, comme on l'a dit, synergique, elle procède synthétiquement et elle réunit dans un seul phénomène les influences de causes très diverses. 4º Enfin les faits sont si *nombreux*, si variés, que l'observateur s'égare, s'il ne sait d'avance le phénomène qu'il veut regarder. Les observations *prises au hasard* sans plan, sans idée préconçue, sont presque toujours *stériles*, car elles ne peuvent jamais être complètes, elles laissent presque toujours de côté le caractère que l'on jugera plus tard être essentiel.

L'*expérimentation* cherche à remédier à ces inconvénients. C'est une *observation plus active* encore dans laquelle le savant intervient pour *préparer les faits* qu'il observe, les rendre plus accessibles à ses recherches et aussi pour *préparer son propre esprit* à la pénétration des faits. 1° Il intervient dans les phénomènes naturels ; au lieu de les attendre, il les *produit à volonté* aussi souvent qu'il est nécessaire pour les étudier ; 2° il *change leurs conditions* et les reproduit de la manière la plus favorable à l'exercice de ses sens, il les rend moins dangereux, plus rapides, ou plus lents suivant les cas; 3° il les *simplifie* en les divisant, en les reproduisant autant que possible d'une manière isolée ; 4° enfin, il se prépare lui-même, et c'est là le caractère capital de l'expérimentation. Il *sait choisir* les faits privilégiés, comme disait Bacon. Il *suppose*, il *prévoit* d'avance le phénomène qu'il va observer, il attend cette observation comme la vérification de ses raisonnements et de ses hypothèses. En un mot il interroge lui-même la nature et il en obtient ainsi des réponses bien plus précises.

Ce dernier caractère de l'expérimentation montre qu'elle n'est pas un simple développement de l'observation, mais un *procédé nouveau* qui contient et résume tous les raisonnements dont il nous reste à parler, comme l'*hypothèse et l'induction*.

57. Conditions de l'expérimentation. — Aux conditions que l'observation demandait, l'expérimentation en ajoute de nouvelles. Elle demande chez le savant une qualité qui semble surprenante et qui est indispensable, l'*imagination*. A propos d'un fait observé et qui l'a surpris, le savant s'est posé une question, il faut qu'il ait assez d'imagination pour la résoudre, et c'est pour vérifier cette solution imaginée qu'il instituera l'expérience. Mais, au moment de la vérification, il lui faut une *impartialité* encore plus grande et plus difficile que celle de l'observateur. Comme il *prévoit* un fait, l'expérimentateur est encore plus disposé à le voir ; il faut qu'il sache voir ce qui est et *renoncer* à son interprétation dès que les faits la *démentent*.

58. Procédés de l'expérimentation. — L'expérimentation intervient dans *toutes* les sciences de la nature, elle existe dans les sciences naturelles comme dans les sciences physiques.

On peut, par la *culture* et l'*élevage*, modifier les *formes mêmes des êtres vivants*, et les physiologistes ont su par la *vivisection* ou par l'usage des poisons, produire des modifications déterminées et prévues des faits physiologiques.

Mais dans toutes les sciences, l'expérimentation emploie toujours à peu près les mêmes *procédés* qui ont été indiqués par Bacon d'une façon précise. Il faut, disait-il, *varier l'expérience*, la *prolonger*, la *renverser*, l'*appliquer*. Nous dirons plus simplement, il faut chercher à *produire* le fait que l'on désire étudier, puis apprendre à le *supprimer*, enfin savoir le *faire varier*. On verra que ces trois procédés jouent aussi un rôle essentiel dans les raisonnements inductifs. L'expérience cependant n'est pas toujours aussi raisonnée ; Bacon conseillait au savant de tirer bon parti des *hasards de l'expérience (sortes experimenti)* et Claude Bernard disait qu'il faisait des expériences « *pour voir* ». Le hasard peut montrer un phénomène inattendu qui mettra sur la voie des autres recherches.

L'expérimentation vient aussi compléter l'observation et nous donne les faits que le savant doit maintenant inter·préter.

§ 3. — La Classification.

59. Nature de la classification. — Les phénomènes et les êtres particuliers seraient innombrables et l'esprit ne tarderait pas à les confondre s'il n'arrivait par la *classification* à les simplifier et à les réduire.

La classification *range les objets dans des classes* d'après leurs *ressemblances, elle réunit ensuite ces groupes dans des classes d'un ordre plus élevé*, si bien qu'un petit nombre de cadres permettent de réunir un très grand nombre d'objets. Ce n'est en réalité qu'une *généralisation à plusieurs degrés*. Par exemple, je compare plusieurs individus, je fais abstraction de leurs différences, je retiens les ressemblances ; à ces ressemblances je donne un nom et je forme ainsi une idée générale ; générale parce que, comprenant seulement ce qu'il y a de commun entre plusieurs individus, elle désigne par suite tous ces individus. C'est là une simple généralisation, mais si je poursuis ce travail en comparant entre elles plusieurs de ces idées générales comme tout à l'heure plusieurs individus, je remarque entre ces idées générales des ressemblances, je forme une idée générale supérieure, un *genre* comprenant plusieurs *espèces*, comme les *espèces* comprennent plusieurs *individus* ; si, m'élevant toujours plus haut, je fais rentrer plusieurs genres dans une *classe*, plusieurs classes dans un *ordre* etc., cette série de généralisations régulières se nomme *classification*.

60. Caractères d'une bonne classification. — Une classification parfaite devrait présenter quatre caractères très utiles.

1° Elle devrait nous permettre de *retrouver* rapidement une description déjà faite, une observation déjà prise au milieu de mille autres.

2° Elle devrait *soulager* énormément la *mémoire*. En sachant les caractères de la classe on devrait connaître immédiatement les caractères essentiels de tous les objets contenus dans cette classe sans être obligé de les retenir pour chaque objet isolément. Sans doute en ne tenant compte que de ces caractères spécifiques ou généraux on néglige une foule de détails particuliers qui distinguent ces individus les uns des autres. Mais ce qui importe dans la science, ce n'est pas le fait particulier, mais le caractère général qui se retrouve chez tous les individus d'un groupe.

3° La classification doit nous montrer les *rapports entre les êtres*. Les êtres réunis dans un même groupe auront plus de ressemblances que ceux qui appartiennent à deux groupes différents et les relations naturelles seront indiquées par les rapports des groupes dans la classification.

4° Enfin la classification doit nous apprendre à *apprécier* les différents caractères qui se rencontrent dans un même être, à distinguer lesquels sont *supérieurs en importance*, lesquels sont *inférieurs*. Au lieu de mettre tous les phénomènes sur le même plan comme l'observation, elle doit les disposer sur une ligne verticale. C'est ce qu'elle fera en caractérisant les groupes les plus élevés par les phénomènes les plus importants et les groupes les moins élevés par les phénomènes secondaires. Nous savons ainsi que l'existence des vertèbres chez le lion est plus importante que le développement des canines, car le premier fait caractérise la grande division des vertébrés tandis que le second caractérise seulement le groupe bien plus restreint des carnassiers.

Pour arriver à ces résultats le savant dispose de deux espèces de classifications, l'une dite *artificielle*, l'autre *naturelle*.

61. La classification artificielle. — La classification

artificielle classe les objets *d'après un seul caractère* ou d'après un petit nombre de caractères choisis non parmi les plus importants, mais parmi *les plus visibles*, et elle néglige tous les autres. Les livres d'une bibliothèque, par exemple, seront classés uniquement d'après le format ou d'après leur date ; les plantes, comme dans la classification botanique de Linné (*), seront classées uniquement d'après le nombre de leurs étamines.

Cette classification ne nous donne évidemment pas la connaissance de la hiérarchie des caractères d'un être, puisqu'elle les néglige presque tous pour n'en considérer qu'un seul, qui n'est pas nécessairement le plus important. Elle ne nous montre pas non plus les relations des êtres entre eux, puisqu'elle les rapproche d'après un seul caractère sans tenir compte des différences bien plus nombreuses. Cheval et cheveu qui dans le dictionnaire sont rapprochés au point de vue de l'orthographe ne désignent pas des objets qui aient entre eux beaucoup de rapports. Il n'est pas non plus exact que ces classifications soulagent la mémoire, car la connaissance du seul caractère qu'elles considèrent ne permet pas d'oublier les autres caractères qui dans la nature sont peut-être bien plus importants.

Les classifications artificielles n'ont réellement que le premier avantage, elles *permettent de retrouver rapidement une observation* au milieu de beaucoup d'autres. Le dictionnaire, type parfait des classifications artificielles construites ici d'après un seul caractère, l'orthographe des mots, nous présente cet avantage au suprême degré.

62. La classification naturelle. — Dans la *classification naturelle* au contraire, on emploie concurremment *tous les caractères essentiels* aux objets dont on s'occupe en discutant l'importance de chacun d'eux. Malgré les différences caractéristiques, les êtres appartenant à une même catégorie sont toujours plus semblables entre eux qu'à aucun de ceux qui n'en font pas partie. Cette classification donne seule les quatre avantages que nous avons énumérés, elle permet de *retrouver les descriptions*, elle *soulage la mémoire*, elle *nous montre les rapports des êtres entre eux* et *la hiérarchie des différents caractères dans un même être*.

63. Formation des classifications. — Ces deux classifications ne se construisent pas de la même manière :

« Celui qui fait une classification artificielle, dit Ampère, maître des caractères d'après lesquels il l'établit, choisit d'abord ceux des premières divisions et ensuite ceux d'après lesquels il forme leurs subdivisions successives ; l'autre au contraire doit commencer par les dernières subdivisions composées d'individus moins nombreux et dont les analogies sont plus frappantes et plus aisées à déterminer. En réunissant celles de ces subdivisions qui se rapprochent le plus, il établit les divisions de l'ordre précédent et n'arrive ainsi qu'en dernier lieu aux grandes divisions par lesquelles le premier avait commencé. »

Le grand principe sur lequel on s'appuie pour faire les classifications naturelles est le principe de la *subordination des caractères*. Un caractère est supérieur aux autres quand par sa présence ou son absence il entraîne les autres qui *sont présents* ou *absents avec lui* et qui *varient avec lui*. Cette *hiérarchie* ne se constate pas facilement. Souvent, quand il s'agit des êtres vivants, l'esprit est guidé par une remarque précieuse déjà formulée par Laurent de Jussieu (*) en 1789 à propos de sa classification naturelle des plantes. Les caractères les plus importants, les plus *dominateurs apparaissent les premiers* dans l'évolution des êtres ; c'est pourquoi les êtres vivants sont si souvent classés d'après des caractères *embryologiques*, comme les plantes, qui sont divisées en acotylédonées, monocotylédonées et dicotylédonées.

Des classifications de ce genre sont donc fondées en réalité sur la *coexistence* nécessaire d'un grand nombre de caractères accessoires autour d'un caractère principal. Ce sont là des *rapports constants*, des *lois naturelles* qui vont être étudiées d'une façon plus directe et avec plus de précision par les méthodes inductives.

§ 4. — RAISONNEMENT PAR ANALOGIE.

Ce raisonnement nous permettra de faire de nouveaux progrès dans l'étude des rapports qui existent entre les phénomènes.

64. L'analogie mathématique, la ressemblance des rapports. — Le mot *analogie* s'emploie dans deux sens différents :

Dans son acception primitive, analogie signifie non pas

ressemblance entre deux choses, mais *ressemblance entre des rapports* ou relations des choses. Le mot est pris quelquefois dans ce sens dans le langage *littéraire*; quand on dit les ailes d'un navire, les pieds d'une table, le soleil se couche etc., on fait des *métaphores par analogie*. En effet, les voiles d'un navire ne sont pas identiques à des ailes, mais la même relation qui existe entre les voiles et le navire se retrouve entre les ailes et l'oiseau.

Cette analogie caractérise également les *propositions mathématiques;* la formule $\dfrac{2}{4} = \dfrac{3}{6}$ ne nous montre pas une ressemblance entre les chiffres eux-mêmes mais une identité entre leurs rapports, on en tire un raisonnement qui permet de trouver l'un de ces termes à l'aide des trois autres.

La ressemblance des rapports est surtout importante *dans les sciences naturelles*, elle permet d'étudier les organes des animaux d'une façon bien plus générale en établissant des comparaisons inattendues. Le bras de l'homme, l'aile de l'oiseau, la patte antérieure du cheval, la nageoire du poisson semblent des organes tout à fait distincts. On a pu montrer cependant qu'entre ces différents membres et le corps de l'animal existaient toujours les mêmes relations générales et réunir dans une même théorie ces *organes analogues*. L'*homologie* du bras et de la jambe de l'homme, du cœur et des vertèbres forment des théories extrêmement intéressantes et utiles pour classer et comprendre nos organes.

65. Analogie, ressemblance des circonstances. — Dans une acception un peu différente, le mot analogie signifie *ressemblance plus ou moins complète de deux groupes de phénomènes*. Nous en concluons que *les événements qui ont suivi le premier groupe* de circonstances *suivront également le second groupe*, analogue au premier. C'est là une *prévision de l'avenir* encore rudimentaire mais qui a été très utile dans la vie pratique. Un enfant a mis le doigt sous une flamme et il s'est brûlé. Quand il voit de nouveau une flamme, il prévoit une seconde brûlure et s'écarte du danger. Ce procédé de raisonnement est aussi appelé *l'induction vulgaire* ou *l'inférence du particulier au particulier*.

66. Règles du raisonnement par analogie. — Ce raisonnement a trois caractères ou trois lois principales :

1º Le raisonnement par analogie ne peut jamais être qu'un raisonnement *plus ou moins probable*, il n'arrive jamais à la certitude.

Nous avons observé une première fois que les circonstances A, B, C, D étaient suivies par le phénomène *a*, à quelles conditions pourrions-nous affirmer avec certitude que *a* se reproduira encore une fois à la suite d'un autre groupe de circonstances analogues? Il faudrait d'abord démontrer que le groupe A, B, C, D a une influence déterminante sur *a* et ensuite il faudrait avoir observé un second groupe de phénomènes *absolument identiques* au premier. Or *aucun raisonnement ne nous a démontré l'influence causale* de A, B, C, D, et le second groupe de circonstances ne peut pas se trouver absolument semblable au premier; il sera A, B, C, E par exemple, et rien ne nous prouve que cette légère différence ne modifiera pas considérablement les événements futurs. C'est par une sorte *d'habitude, d'association d'idées* que nous prévoyons *a* à la suite d'un groupe analogue à A, B, C, D, mais cette prévision n'a pas de justification certaine.

2º « Cette *probabilité* du raisonnement par analogie, dit Bain (*) dans sa logique inductive et déductive, *se mesure par la comparaison du nombre et de l'importance des points de ressemblance avec le nombre et l'importance des points de différence.* » Le groupe des circonstances A, B, C, D contient probablement, quoique cela n'ait pas été démontré, la circonstance qui détermine *a*. Un second groupe A, B, C, E aura d'autant plus de chances de la contenir aussi qu'il sera plus identique au premier. Si dans l'exemple précédent la circonstance déterminante se trouvait être D, le groupe A, B, C, E n'amènerait pas *a*. Une différence plus grande dans le groupe A, B, E, F rendrait la prévision encore plus improbable.

3º *La probabilité dépend aussi du nombre des phénomènes inconnus par rapport aux phénomènes connus.* A, B, C, D, que nous avons remarqués, ne sont pas en réalité les seuls phénomènes de l'univers qui précèdent *a* : d'autres phénomènes que nous ne connaissons pas, X, Y, Z, le précèdent également. Rien ne nous assure que la circonstance importante, celle qui détermine *a*, ne soit pas parmi ces *circonstances inconnues* X, Y, Z, et la ressemblance superficielle que nous avons constatée dans le groupe A, B, C, E n'aurait plus aucune importance. « Un quadrupède, disait Bain, ressemble à un autre par un grand nombre de ses organes et de ses fonctions, mais il en diffère aussi par un nombre considérable d'autres faits, et en outre il y a chez les deux êtres des propriétés inconnues ; il en résulte que toutes les inférences de l'un à l'autre, touchant l'alimentation convenable, la disposition aux maladies, le régime médical à suivre, etc. ne seront que de très faibles probabilités. » Le défaut général de ce raisonnement par induction vulgaire, c'est que le savant *n'a pas assez étudié les circonstances antécédentes*, il n'a pas assez déterminé leur importance relative : c'est ce que les autres raisonnements inductifs chercheront à faire avec plus de précision.

§ 5. — L'Hypothèse.

67. Nature de l'hypothèse.— L'hypothèse nous fait faire un nouveau progrès et des plus importants dans l'explication des faits. Ce raisonnement, ainsi que son étymologie l'indique (hypothèse, de ὑπό τίθημι, placer dessous ; supposition, de *sub ponere*, placer dessous), est un procédé par lequel l'esprit humain *dépasse l'observation sensible* et *ajoute* aux faits connus par les sens *quelque notion qui n'est pas actuellement sensible* et qui peut-être ne le sera jamais. On voit par cette définition que l'*imagination* joue ici encore un grand rôle et se montre indispensable au savant comme au littérateur. La notion que l'imagination ajoute varie beaucoup suivant les différents cas ; tantôt on suppose *un phénomène* que l'on n'a pas vu, tantôt on suppose *la cause* d'un phénomène ou *son but*. Le plus souvent on suppose *une relation régulière et constante entre les phénomènes observés*, et l'hypothèse nous permet d'avancer dans la connaissance des lois.

Quand *l'hypothèse est très vaste*, c'est-à-dire lorsqu'elle réunit dans une même explication un nombre immense de faits, quand elle établit des relations non plus entre des faits particuliers mais entre d'autres lois déjà découvertes, elle prend le nom de *système*. Le système de Newton est l'une des plus vastes conceptions de l'esprit humain pour embrasser tout l'univers matériel.

68. Importance de l'hypothèse. — Ce procédé, qui introduit l'imagination et ses inventions dans les explications scientifiques, a été fort longtemps *discuté* et contesté. Newton déclarait qu'il ne faisait jamais d'hypothèses, « *hypotheses non* *fingo* », et les logiciens du 18me siècle s'accordaient avec lui pour blâmer cette méthode aventureuse.

Depuis on a reconnu que les grands savants et Newton lui-même avaient toujours fait des hypothèses et l'on s'accorde à reconnaître leur *importance*. « Une *idée anticipée* ou hypothèse, disait Claude Bernard, est le point de départ de tout raisonnement expérimental, sans cela on ne saurait faire aucune observation, ni s'instruire, on ne saurait qu'entasser des observations stériles. » Il est facile de voir qu'elle a sa place dans toutes les opérations de la méthode scientifique.

1° L'hypothèse est utile *dans l'expérimentation*, c'est elle qui à propos d'une observation propose les recherches à faire, dirige l'esprit du savant dans telle ou telle direction, attire l'attention vers tel ou tel détail, nous apprend en un mot ce qu'il faut voir et ce qu'il faut chercher à voir.

2° Elle rend les *classifications possibles* en établissant un lien au moins provisoire entre des faits qui semblaient ne pas en avoir, en donnant une prédominance au moins momentanée à certains caractères qui sont supposés les plus importants et qui par leur présence ou leur absence servent à classer tous les êtres.

3° Elle *domine* comme on l'a vu la *méthode d'analogie* et en général permet de supposer des causes et des lois, et elle *interviendra* également dans *l'induction* même la plus rigoureuse.

4° Enfin elle contribue aux progrès des sciences par les *recherches qu'elle provoque* ; les théories des physiciens modernes sur l'unité des forces physiques, les hypothèses de Lamarck (*) et de Darwin (*) sur l'origine des espèces et l'évolution des êtres vivants ont dirigé tous les travaux scientifiques de ce siècle. Même contredite, même reconnue fausse, une hypothèse a été utile, elle a provoqué les études qui l'ont renversée. Il semble d'ailleurs que l'esprit humain doive nécessairement passer par une série de suppositions fausses avant d'arriver à la véritable, et la réfutation successive des hypothèses fausses conduit à la véritable. « Que de folies ne dirions-nous pas, remarquait Fontenelle (*), si les anciens ne nous avaient prévenus à l'égard d'un si grand nombre. »

69. Les opérations qui constituent l'hypothèse. — Pour remplir son rôle une hypothèse complète doit renfermer les *quatre* opérations suivantes :

1° *L'observation d'un fait* qui nous semble inexplicable, qui provoque notre étonnement et notre curiosité.

2° La *supposition* même créée par l'imagination. « Il n'y a pas de règles à fixer pour faire naître à propos d'une observation une idée juste et féconde ; cette idée une fois admise on peut la soumettre à des règles, mais son apparition est toute spontanée, sa nature tout individuelle, c'est le *quid proprium* qui constitue l'invention, l'originalité. » (Cl. Bernard.)

3° La *déduction des conséquences*. L'hypothèse, qui porte presque toujours sur des rapports, ou des lois, c'est-à-dire des choses abstraites, non sensibles, ne peut pas le plus souvent être directement vérifiée par les sens. Il faut commencer par en *déduire par le raisonnement des conséquences concrètes* qui pourront être soumises au contrôle de l'observation. On remarquera ce rôle de la déduction qui intervient dans les méthodes des sciences de la nature.

4° *Vérification de ces conséquences*. C'est ici l'expérimentation proprement dite, c'est-à-dire l'observation préparée et déterminée par une idée antérieure.

Il est facile de constater ces quatre opérations dans *l'histoire de toute grande hypothèse* ; on peut choisir de préférence la découverte de la pression atmosphérique, parce que dans ce cas les quatre phases sont bien distinctes l'une de l'autre. 1° Des fontainiers de Florence *constatent* que dans les corps de pompe où l'on a fait le vide, l'eau ne monte pas au-delà de dix mètres. 2° Torricelli (*), physicien italien, *suppose* que l'ascension de l'eau s'explique par le poids de l'air extérieur qui peut faire équilibre à une colonne d'eau de dix mètres et non à une plus grande. 3° Pascal *déduit* deux conséquences de cette supposition : *a)* la pression atmosphérique restant la même, la hauteur de la colonne doit varier en raison de la densité du liquide employé ; *b)* la densité du liquide restant la même, la hauteur de la colonne doit varier en raison de la pression atmosphérique. Elle doit par exemple diminuer quand on s'élève plus haut, parce que la pression atmosphérique diminue. 4° *Vérification* de ces deux conséquences faite à Rouen, à la tour Saint-Jacques de Paris et au Puy-de-Dôme par les soins de Périer, beau-frère de Pascal.

70. Règles de l'hypothèse. — L'hypothèse est soumise à certaines règles qui en assurent la validité. 1° L'hypothèse

doit toujours être *vérifiable* soit directement soit indirectement. 2° Elle ne doit *jamais être en contradiction avec les
principes de la raison*, une supposition déraisonnable ne
pourrait rien expliquer. 3° Autant que possible elle ne doit
pas être en *contradiction avec les théories scientifiques* qui
semblent antérieurement démontrées. 4° Autant que faire se
peut elle ne doit porter que sur la présence, la proportion,
le rôle d'*agents déjà connus*, de causes admises comme véritables, les « *veræ causæ* » de Newton. 5° Quand le savant est
forcé de contredire par son hypothèse des théories admises
ou de supposer des agents entièrement nouveaux, il doit être
d'autant plus *sévère pour la vérification*. 6° Dans ses imaginations le savant doit toujours prendre pour principe direc-
teur *l'idée de la simplicité des voies de la nature*, ce que
Leibniz appelait le principe de moindre action et Hamilton (*)
la loi d'économie ou de parcimonie. Les hypothèses les plus
simples sont celles qui ont le plus de chances pour être
vraies. 7° Enfin il ne faut pas oublier qu'une hypothèse n'est
toujours qu'une construction imaginaire et il faut être toujours prêt à l'abandonner dès qu'elle n'est plus en accord
avec les faits fournis par l'expérimentation.

§ 6. — LES MÉTHODES DE L'INDUCTION.

71. Le problème de l'induction. — On peut employer
des méthodes plus précises encore pour *déterminer les lois
des phénomènes*. Un phénomène étant donné, nous avons
besoin pour le comprendre de connaître ses lois, c'est-à-dire
les relations régulières et constantes qui existent entre lui et
les autres faits de la nature. Tous les faits ne présentent pas
de pareilles relations avec le phénomène étudié, car beaucoup
d'entre eux ne sont pas momentanément et par hasard en
contiguïté avec lui; il faut donc *distinguer parmi tous les
faits de la nature celui-là précisément qui sera en relation
constante avec le phénomène étudié.* Ce fait particulier
pourra être considéré comme la cause de notre phénomène;
le rapport de causalité est en effet un rapport entre deux
phénomènes tels que l'un ne peut pas exister sans l'autre. Le
fait qui jouera ce rôle présentera, comme toutes les causes,
trois caractères importants : *sa présence amène toujours la
présence du phénomène considéré, son absence en amène
l'absence et ses variations en déterminent les variations.* En

un mot ces deux phénomènes ayant les relations que nous cherchons doivent être *présents ensemble*, être *absents ensemble*, et *varier ensemble*. Ces caractères ont permis de déterminer des méthodes pour rechercher la cause d'un phénomène.

72. Les tables de Bacon. — Ces méthodes ont été exposées pour la première fois avec précision par Bacon. Ce philosophe voulait que l'on dressât *trois tables*, l'une, appelée *table de présence*, où l'on inscrirait toutes les circonstances qui en se produisant amènent la production du phénomène étudié; l'autre, appelée *table d'absence*, où l'on inscrirait toutes les circonstances qui en disparaissant font disparaître le phénomène; la troisième, appelée *table des variations* ou *des degrés* ou *table de comparaison*, où l'on noterait toutes les circonstances qui croissent ou décroissent en proportion avec lui.

Stuart Mill (*) reprit et perfectionna ces procédés et il a indiqué dans sa logique quatre méthodes, dont les trois premières sont analogues aux trois tables de Bacon.

73. Méthodes de Stuart Mill, méthode d'accord ou de concordance. — Il s'agit de trouver la *cause du phénomène a*; nous choisirons des cas aussi *différents que possible dans lesquels a est donné*, soit par exemple A, B, C, D, E suivi de *a* et A, F, G, H, I suivi aussi de *a* (fig. 4). Il sera facile de remarquer que B *ne peut être la cause de a*,

1er cas. A B C D E
       a
2e cas. A F G H I
       a
Fig. 4.

car dans le 2e cas B *n'est pas donné et cependant a reste présent* ; le caractère essentiel du rapport de causalité n'existe donc pas ici. La même remarque permettra d'*éliminer* successivement C, D, E, F, G, H, I, et il restera la circonstance A, que nous considérerons comme la *cause de a parce qu'elle est présente toutes les fois que a est donné*. Appliquons cette méthode à une recherche *concrète*, celle de la cause du son. Le son peut être entendu dans des circonstances bien différentes, quand on frappe un tambour, quand on souffle dans une trompette, quand un animal crie. Des circonstances nombreuses, comme la peau du tambour, les baguettes, le cuivre de la trompette, la tête de l'animal, etc., pourront être éliminées parce qu'elles ne sont pas présentes dans tous les cas où l'on entend un son : il restera la vibration de l'air qui accompagne tous ces sons et qui sera considérée comme leur cause.

74. Méthode de différence. — On choisira *deux groupes* de circonstances *aussi semblables que possible* mais *tels cependant que dans l'un le phénomène considéré a se produise et que dans l'autre il ne se produise pas*; soient (fig. 5) ces deux groupes, A, B, C, D, E suivi de *a* et B, C, D, E non suivi de *a*. On peut évidemment *éliminer* les circonstances B, C, D, E qui restent encore présentes dans le 2ᵉ cas bien que le phénomène *a* ait disparu. *N'étant pas absentes en même temps que lui, elles ne peuvent en être la cause;* A au contraire est *présent avec a* et *absent avec lui*, on le considérera comme uni avec *a* par le *rapport de causalité*. Si l'on cherche de quels nerfs dépend la sensibilité cutanée d'un membre, on pratique chez l'animal des sections de différents nerfs de ce membre ou bien on constate chez l'homme des observations où des lésions de ces nerfs se rencontrent et l'on cherche quel nerf est supprimé quand la sensibilité tactile est abolie. Quand nous mangeons pour apaiser la faim, quand nous buvons pour apaiser la soif, nous ne raisonnons pas autrement.

1ᵉʳ cas. A B C D E

a

2ᵉ cas. B C D E

»

Fig. 5.

75. Méthode des variations concomitantes. — Nous choisissons plusieurs cas dans lesquels se présente le *phénomène a avec des degrés différents* et nous notons *les degrés des autres phénomènes* qui l'accompagnent. Nous avons par exemple (fig. 6) divers degrés des phénomènes A, B, C, D indiqués par des indices et divers degrés de *a* qui les suit. On raisonne de la même manière que précédemment. B ne peut être cause de *a*

1ᵉʳ cas. A_2 B_4 C_{10} D_3

a_2

2ᵉ cas. A_3 B_2 C_4 D_5

a_3

3ᵉ cas. A_4 B_{10} C_3 D_2

a_4

Fig. 6.

puisque B *diminue* dans le 2ᵉ cas quand *a augmente*, ou qu'il *augmente* dans le 3ᵉ cas d'une *manière disproportionnée* à l'accroissement de *a*. Pour la même raison nous éliminons C et D et nous concluons que A est la cause de *a* parce qu'il *varie en même temps et dans le même sens* que ce phénomène. Le physicien qui recherche la cause de la dilatation des métaux observe que cette dilatation ne varie proportionnellement ni avec les variations de la lumière ni avec celles de l'humidité, mais qu'elle est toujours dans un rapport constant avec les variations de la température et il établit ainsi une loi reliant la dilatation des métaux à la température.

76. Méthode des résidus ou des restes. — Cette méthode s'applique à l'étude de phénomènes *complexes* tels que *a, b, c* (fig. 7). Si on retranche de ce groupe de phénomènes à expliquer la partie que l'on sait par des inductions antérieures être l'effet de certains antécédents, *le reste ou le résidu doit avoir sa cause parmi les antécédents restants*. Si *b, c* sont expliqués par B, C, le phénomène *a* qui reste n'est plus en relation qu'avec les antécédents A, D, E, et par l'emploi des méthodes précédentes on déterminera laquelle de ces circonstances est la cause de *a*.

A B C D E

a b c

Fig. 7.

Exemple : les mouvements de la planète Uranus sont rattachés à des causes connues et calculées, mais il y a des irrégularités dans ces mouvements qui *restent* inexpliquées et que Le Verrier (*) rattache à une cause nouvelle qui est la planète Neptune.

77. Valeur des méthodes d'induction. — Ces différentes méthodes se *complètent* les unes les autres; la première est une méthode d'*observation*, la seconde est surtout une méthode d'*expérimentation* et elle frappe beaucoup l'esprit par sa netteté; le rôle important d'une circonstance devient bien visible quand on peut par la suppression de cette circonstance faire disparaître aussi le phénomène considéré. Malheureusement, on ne peut pas toujours supprimer complètement telle ou telle circonstance et il faut se borner à observer ce qui se produit non plus quand la circonstance essentielle disparaît, mais quand elle varie. La 3e méthode qui permet cette étude est aussi plus précise, car elle ne constate pas seulement la simple coïncidence des phénomènes, mais aussi leurs *mesures* et permet de déterminer leurs relations numériques. Grâce à la 4e méthode, on peut ramener aux études précédentes des cas complexes qui semblaient beaucoup plus difficiles à analyser.

78. Dangers des méthodes d'induction. — Malgré les résultats précieux qu'elles nous donnent, il ne faut pas exagérer la valeur de ces méthodes et leur attribuer une rigueur et une certitude qui n'existent pas dans les sciences de la nature. Toutes ces méthodes renferment *deux opérations* de valeur très inégale. 1° Une opération d'*élimination* qui consiste à supprimer comme indifférents les antécédents qui ne sont pas toujours présents avec le phénomène, qui ne sont pas toujours absents avec lui, qui ne varient pas toujours et régulièrement avec lui. *Cette partie de la preuve est rigoureuse.* 2° Une seconde opération qui consiste à *affirmer* que l'antécédent A dont on a toujours constaté la présence avec le phénomène, l'absence quand il disparaissait, la variation quand il variait, est réellement la cause cherchée. *Cette dernière opération reste hypothétique*, comme il est facile de le montrer.

Le rapport entre A et a n'est intéressant que s'il est constant, s'il persistera dans l'avenir; il est insignifiant s'il est dû à une simple *coïncidence* tout à fait accidentelle. Eh bien nous ne pouvons jamais être certain que la présence simultanée de A et de *a*, leur absence simultanée, leurs variations parallèles ne dépendent pas uniquement d'une coïncidence de ce genre. 1° Cette *simultanéité* peut être *produite par l'expérimentateur* lui-même qui, à son insu, fera naître le phénomène *a* au moment où il constate la circonstance A. La plupart des difficultés soulevées par le problème de la génération spontanée étaient dues à ce fait que l'expérimentateur introduisait lui-même à son insu les germes dans le milieu de culture. 2° *Les deux phénomènes* A et *a* sans être précisément liés ensemble, peuvent *dépendre tous deux d'un autre phénomène inconnu* X dont nous ne tenons pas compte ; ce n'est pas le vide qui produit l'ascension de l'eau dans le corps de pompe comme on le croyait au moyen âge, mais le vide et l'ascension de l'eau dépendent tous deux d'un fait que l'on ignorait, la pression atmosphérique. 3° Enfin *ces simultanéités même compliquées peuvent être simplement le résultat d'un hasard.* En multipliant les expériences, en usant de la seconde et de la troisième méthodes, plus précises que la première, on peut diminuer la part du hasard, rendre bien improbables des coïncidences aussi nombreuses et aussi précises ; mais on ne peut pas entièrement supprimer la possibilité d'un pareil hasard. Aussi *ces méthodes restent-elles hypothétiques* et ne nous donnent-elles qu'une relation probable entre les phénomènes.

§ 7. — LE FONDEMENT DE L'INDUCTION.

79. Les lois naturelles. — Les lois que l'induction se propose de découvrir présentent un caractère essentiel, elles doivent être *générales*. Ces lois ne se bornent pas à régir les phénomènes présents dans le laboratoire, à propos desquels elles ont été découvertes, elles s'appliquent aussi à d'autres phénomènes dans d'autres temps et dans d'autres lieux. Ce qui est surtout important, elles doivent s'appliquer aux phénomènes futurs pour que nous puissions les prévoir et nous servir pratiquement de nos connaissances.

Cette généralité, il est vrai, ne porte pas sur les phénomènes eux-mêmes ; aucune loi n'affirme ni ne peut affirmer que tel ou tel phénomène existera toujours. La loi de la réflexion de la lumière ne déclare pas qu'il y aura toujours de la lumière et toujours des miroirs. *Les lois ne portent que sur les rapports entre les phénomènes;* la loi précédente déclare seulement que s'il y a jamais de la lumière et des miroirs, il existera entre eux la même relation que nous constatons aujourd'hui. On sait d'ailleurs que *les rapports* peuvent facilement être *généralisés*, car l'une de leurs propriétés principales, c'est qu'*ils peuvent rester les mêmes entre des termes différents :* le rapport $\frac{1}{2}$ reste le même entre 3 et 6, entre 5 et 10, etc. *La loi consiste donc dans une généralisation indéfinie du rapport entre les phénomènes* qui a été découvert grâce au raisonnement par analogie, à l'hypothèse, ou aux méthodes d'induction.

80. Le fondement de l'induction. — Même ainsi entendue, cette généralisation n'en est pas moins difficile à comprendre. En effet, l'esprit qui la fait *dépasse* infiniment les connaissances que lui ont fournies l'observation et l'expérimentation.

Les faits observés, aussi nombreux qu'ils soient, sont toujours en *nombre limité;* ils ne nous apprennent rien sur les autres faits non observés et en particulier sur les phénomènes futurs. *L'induction* est donc bien un raisonnement dans lequel *la conclusion dépasse énormément les prémisses;* c'est là, comme on l'a vu, le caractère essentiel qui la sépare de la déduction.

S'il en est ainsi, il y a évidemment quelque chose, quelque notion importante qui est ajoutée aux prémisses pour former la conclusion. *Cette notion surajoutée se nomme le fondement de l'induction,* et différentes théories ont essayé d'expliquer cette notion nouvelle qui permettait et justifiait la généralisation des rapports observés.

81. Théorie sensualiste du fondement de l'induction. — Beaucoup d'auteurs, et Stuart Mill en particulier, ont voulu expliquer par *les seules lois de la sensation* cette généralisation audacieuse. La *répétition des sensations,* disait-il, les expériences accumulées font naître dans l'esprit une *habitude invincible,* une tendance irrésistible à *associer indéfiniment* ensemble les phénomènes que nous avons toujours vus associés.

Sans entrer dans les discussions que soulève une semblable théorie, nous remarquerons simplement qu'elle est peu en accord avec la nature des faits que l'on observe et avec le caractère des idées que nous nous formons sur les lois. Stuart Mill, en affirmant que l'expérience nous donne l'idée des lois naturelles, semble croire que l'expérience nous montre sans cesse la régularité, l'ordre immuable. Mais, en réalité, *l'expérience nous montre au premier abord la plus grande irrégularité,* le plus grand désordre. Comme le remarque justement Helmholtz (*), le nombre des cas où nous pouvons constater le rapport causal est bien peu considérable par rapport au nombre des cas où cette constatation nous est impossible ; le plus souvent, si nous voyons de l'ordre dans les phénomènes, c'est que nous l'avons cherché et trouvé, c'est que *nous pensions à cet ordre, nous croyions à son existence avant que l'expérience et l'habitude nous l'aient montré.*

D'autre part, l'idée que nous avons des lois est celle d'une *régularité nécessaire* et absolument *universelle ; l'habitude ne peut justifier une pareille croyance.* Elle ne nous donne qu'une disposition plus ou moins forte à faire les choses, mais non la croyance réfléchie qu'elles sont bien faites. *En-*

gendrée par l'habitude, la croyance aux lois ne serait qu'un préjugé, et la discussion scientifique, loin de l'affermir, devrait sans cesse travailler à la supprimer.

82. Théorie rationnelle du fondement de l'induction. — Les théories de ce genre veulent faire une part plus considérable à l'activité de l'esprit dans l'induction et fondent le raisonnement sur *quelque idée antérieure de la raison* dont nous constatons l'existence sans avoir ici à en rechercher l'origine.

Ces théories sont assez nombreuses. Nous ne pouvons que signaler celle qui a été exposée par Aristote et qui consiste à *rapprocher l'induction du syllogisme* et à lui donner le même principe. Au 18ᵐᵉ siècle, Th. Reid (*), le fondateur de l'école écossaise, fondait l'induction sur une *croyance*, sur un *principe spécial*. « Dans l'ordre de la nature, ce qui arrivera ressemblera à ce qui est arrivé dans des circonstances semblables. » Royer-Collard (*) précisait ce principe et le séparait en deux jugements, l'un exprimant la *stabilité*, l'autre la *régularité des lois de l'univers*.

Ces principes ne forment-ils pas des affirmations bien ambitieuses, ne semblent-ils pas la dernière conséquence des recherches scientifiques plutôt que leur point de départ ?

83. Rôle du principe de causalité dans l'induction. — L'explication la plus fréquente et la plus juste rattache l'induction à un principe plus général, d'un usage constant dans la vie pratique, le *principe de causalité*. Tout phénomène a une cause, déclare ce principe, mais aussi *une cause étant donnée, l'effet suit nécessairement*. « *Ex causa data*, disait Spinoza (*), *necessario sequitur effectus*. » S'il est admis, grâce aux méthodes d'induction, que A est la cause de *a*, nous pouvons assez légitimement en conclure que, A étant donné, *a* suivra nécessairement, et par conséquent prévoir *a* dès que nous voyons A.

Cette théorie n'est pas sans présenter quelques difficultés, la principale nous paraît être que *les lois de la physique moderne n'expriment guère des rapports de causalité*. Le volume d'un gaz, dit la loi de Mariotte (*), est en raison inverse de la pression qu'il supporte, la vitesse d'un corps qui tombe varie avec le temps écoulé depuis le commencement de la chute, les durées des révolutions des planètes sont proportionnelles aux racines carrées des cubes des distances. Où se trouve la causalité dans ces formules ?

Ces lois expriment simplement une relation et le plus souvent une relation mathématique entre deux faits appréciés dans leur grandeur. Ce sont des groupes de phénomènes qui dépendent les uns des autres et où les variations des uns dépendent des variations des autres.

84. Rôle du principe de raison suffisante dans l'induction. — Peut-être suffirait-il de modifier un peu le principe précédent et de dire que l'induction repose sur un principe encore plus général, sur le *principe de raison suffisante*.

Ce principe résume une loi générale de l'esprit : *nous ne pouvons croire que les choses soient sans raison*, qu'elles soient inintelligibles.

Quand nous remarquons un ordre régulier, une dépendance étrange entre deux phénomènes A et *a*, nous sommes disposés à croire que cette dépendance n'est pas un résultat du hasard, c'est-à-dire n'est pas sans raison, et *quand nous voyons l'expérience confirmer la dépendance* que nous avons supposée, nous nous confirmons dans la pensée *qu'elle a une raison d'être dans la nature des choses.* Cela suffit pour nous autoriser à croire à cette liaison, tant que nous n'aurons pas constaté des phénomènes contraires qui nous forcent à renoncer à cette supposition. *Ce serait*, au contraire, *agir sans raison que de renoncer à cette croyance tant que l'expérience ne l'a pas contredite.*

85. Rôle de la déduction dans l'étude des lois naturelles. — Le *raisonnement déductif* si essentiel dans les sciences mathématiques semble jouer *un rôle plus effacé dans les sciences inductives.* Évidemment on ne peut comme l'avaient rêvé les Cartésiens (*) inventer les lois de la nature en les déduisant de quelque grande formule que nous aurions imaginée comme le principe général du monde. *Des lois ainsi imaginées* seraient *arbitraires* et fausses. Les anciens, par exemple, partant de ce principe que le mouvement circulaire était le plus parfait, en avaient conclu que les planètes qui sont des êtres parfaits doivent avoir une orbite circulaire, ce qui plus tard s'est trouvé en opposition avec l'observation des faits. La principale méthode des sciences naturelles consiste à partir des observations particulières pour s'élever aux lois générales, c'est la méthode inductive.

Mais *la déduction* intervient cependant et joue un rôle utile. C'est elle qui sert comme nous l'avons vu à *préparer la vérification des hypothèses* et des lois découvertes par l'induction. Comme ces lois abstraites ne peuvent être vérifiées directement, on commence par en *déduire les conséquences particulières* et ce sont ces conséquences que l'on vérifie.

La déduction nous permet aussi quelquefois d'*expliquer les lois* elles-mêmes, on peut les considérer comme des *conséquences d'une loi plus générale*. Newton fit voir que les lois de Kepler (*) n'étaient que des cas particuliers de la grande loi de l'attraction dont il est possible de les déduire. Quand cette déduction est rigoureuse, l'hypothèse générale, le système dans son ensemble se trouve vérifié par les lois particulières et ces lois particulières trouvent leur explication et leur raison d'être dans l'ensemble du système.

<h3 align="center">§ 8. — La Définition.</h3>

86. Nature de la définition. — La définition doit résumer la nature d'une chose, elle peut donc être considérée comme le *résumé de nos connaissances sur un objet*, comme la conclusion d'une science.

La *description* est un procédé plus artistique et littéraire que logique : elle ne s'adressse qu'à l'imagination et ne fait connaître que *quelques caractères de l'objet* choisis parmi les plus apparents; la définition doit faire connaître *tout l'objet*, autant que possible avec *tous ses caractères* et en les rangeant *en série d'après leur importance*.

La démonstration montre par quels procédés nous arrivons à une connaissance tandis que la définition exprime cette connaissance sans rappeler les efforts qui ont été nécessaires pour l'acquérir.

87. Les variétés de la définition. — Au 17ᵐᵉ siècle, la logique de Port-Royal distinguait deux grandes classes de définitions, les *définitions de choses*, ayant les caractères que l'on vient d'indiquer, et les *définitions de mots*, qui seraient d'une autre nature. Celles-ci auraient deux grands caractères, elles seraient *arbitraires* et *exemptes d'erreur*, car on pourrait donner à un mot un sens quelconque. Cette dernière opération consiste simplement à associer un mot c'est-à-dire un son avec un objet, c'est une simple *dénomination* et non une définition véritable. Toute définition qui cherche à faire connaître le sens d'un mot fait aussi connaître l'objet auquel il s'applique.

Leibniz distinguait des *définitions nominales* et des *définitions réelles;* les premières, qui mériteraient plus justement le nom de *définitions idéales*, ne portaient que sur des conceptions de notre esprit; les secondes faisaient en outre comprendre que leur objet existait réellement dans le monde. On verra par quel procédé certaines sciences s'attachent à former des définitions réelles.

88. Procédés de la définition. — Une définition devrait exprimer tous les caractères d'un objet, ce qui est pratiquement impossible. Pour réduire cette longue énumération, on partage tous ces caractères en deux groupes : 1° les caractères *communs* ou *généraux*, qui appartiennent à l'objet considéré et à d'autres êtres en dehors de lui; 2° les caractères *spécifiques* ou *propres*, qui appartiennent exclusivement à l'objet que l'on veut définir.

Pour résumer les premiers, on les classera encore en divers groupes suivant *leur degré de généralité*, suivant qu'ils appartiennent à des êtres plus ou moins nombreux, et on résumera chaque groupe de caractères par le *nom du genre* auquel ils appartiennent, dont ils forment la *compréhension*. Par exemple l'homme comprend des caractères très généraux qui appartiennent à tous les êtres vivants, d'autres moins généraux qui appartiennent aux animaux, aux vertébrés, aux mammifères. On remarque que le dernier genre, le moins général, le *genre prochain*, ainsi nommé parce qu'il est le plus proche de l'objet à définir, contient *tous les caractères des genres précédents*. Un être ne peut pas être un mammifère sans être un vertébré, un animal *Il suffira donc d'exprimer le nom de ce genre prochain pour résumer tous les caractères généraux.*

Restent à exprimer les caractères *propres*; pour cela il suffit de nous apprendre le caractère qui *distingue l'objet à définir* des autres objets rangés avec lui dans le même genre prochain.

Ce caractère, appelé la *différence spécifique*, suffit à distinguer l'objet des objets en petit nombre qui restaient encore avec lui. On remarquera par exemple que l'homme est le seul mammifère qui ait deux mains et on le définira un mammifère bimane. La définition se forme donc par l'expression du *genre prochain* et de la *différence spécifique*.

Suivant les sciences, la *différence spécifique* que l'on emploie change de nature. Souvent, quand la connaissance est assez avancée, on choisit pour ce rôle la notion *de la cause* qui produit l'objet, la notion de sa formation. En chimie on dira : l'acide carbonique est un gaz (genre prochain) formé par le carbone et l'oxygène (différence spécifique par la formation). En mathématiques on dira : la circonférence est la figure plane (genre prochain) engendrée par la révolution d'une ligne droite autour d'une de ses extrémités (différence spécifique par la construction). Ce sont là les définitions réelles dont parlait Leibniz, mais elles ne sont possibles que dans les sciences mathématiques, où l'esprit construit lui-même les objets, ou dans les sciences naturelles, assez avancées pour que nous connaissions au moins par hypothèse la cause des objets.

89. Règles de la définition. — 1° La définition doit être assez *générale* pour convenir à tout l'objet défini ; si on disait que l'homme est un mammifère à peau blanche, la définition serait trop étroite.

2° La définition doit cependant être *propre*, c'est-à-dire s'appliquer seulement à l'objet défini. Cette phrase : « l'homme est un animal qui mange », manquerait de précision. Ces deux règles étaient autrefois résumées dans cette formule « *conveniat toti et soli definito, qu'elle convienne à tout le défini et au seul défini.* »

3° On peut encore résumer ces règles en disant que la définition doit s'exprimer par une proposition *réciproque*, c'est-à-dire par une proposition dans laquelle le *sujet et l'attribut aient* exactement *la même extension* et qui puisse être *convertie* (voy. p. 20) sans modification.

4° On ne peut définir que des objets *complexes* dont on peut *analyser les caractères;* des choses absolument simples, comme l'être, la sensation de bleu, de rouge, etc., ne peuvent pas être définies.

5° Il est inutile d'ajouter que pour remplir son rôle, la définition doit être aussi *claire* et aussi *concise* que possible.

90. Les définitions dans les sciences de la nature.
— Les définitions résument les sciences naturelles, elles ne sont
bien faites et bien comprises qu'*à la fin* des recherches scientifiques. C'est là un caractère qui sépare ces études des sciences
mathématiques. Dans celles-ci en effet les définitions sont
placées *au début et non à la fin*. C'est que les sciences mathématiques sont en grande partie des sciences formelles, des
constructions que fait l'homme avec ses propres idées, tandis
que les sciences naturelles s'efforcent de connaître la nature
telle qu'elle est et non de la construire, elles ne peuvent que
s'élever lentement de l'observation des faits aux hypothèses
qui nous permettent d'approcher un peu de la nature des
choses.

CHAPITRE IV.

**Les sciences morales. — Leur objet, leurs caractères
propres, leurs principales divisions. — Méthode de
l'induction et de la déduction dans les sciences morales.**

§ 1. — OBJET DES SCIENCES MORALES.

91. Les faits de conscience. — Les *sciences morales*
ont pour objet *l'étude de l'homme*, ou du moins l'étude d'une
partie essentielle de l'homme, l'étude de ses sentiments, de
ses pensées, de ses actions, de ce que l'on appelle *l'esprit
humain*. Elles pourraient être justement désignées sous le
nom de sciences *anthropologiques*, comme l'ont déjà fait
Kant (*) et Maine de Biran (*) ; mais ce mot a un sens trop
étroit, il signifie plus spécialement l'étude de la constitution
corporelle de l'homme et de ses modifications dans les différentes races et sous les différents climats, il a perdu son
sens général. On désigne plutôt ces études sous le nom de
*sciences morales, études de la partie morale, spirituelle de
l'homme, sciences noologiques, étude de l'esprit* (νόος) de
l'homme. Cet objet a une existence incontestable, car on ne
peut méconnaître les faits innombrables et si variés qui
remplissent notre *conscience*, depuis les sentiments les plus
élémentaires, les plus simples douleurs, jusqu'aux idées les

plus élevées de l'art ou de la science. Ajoutons que ces faits n'existent pas seulement en nous-mêmes, mais qu'ils se rencontrent aussi dans l'esprit des autres hommes et même dans l'esprit des animaux. Ajoutons que ces sentiments déterminent une quantité de phénomènes en apparence extérieurs, les mouvements, les actions des hommes, leur conduite bonne ou mauvaise, leurs luttes, leurs guerres et leurs traités de paix, leurs travaux et leurs échanges commerciaux, leur langage et leurs œuvres d'art, et l'on comprendra que ces *phénomènes moraux* ont dans l'univers une importance exceptionnelle et qu'ils méritent l'étude au moins autant que les propriétés physiques de la matière.

92. Caractères des faits de conscience. — Mais on peut se demander si cette étude doit rester distincte des autres et si ces sciences ne se confondent pas avec celles qui ont déjà été décrites. Deux études sont distinctes quand leurs objets sont de nature assez différente pour réclamer des méthodes distinctes, et il est facile de constater *la différence fondamentale des faits moraux et des faits physiques.*

1° *Les propriétés* de ces phénomènes physiques et moraux, les caractères qu'ils présentent à notre observation sont opposés. Les faits physiques ont lieu dans l'espace, ils occupent toujours une certaine *étendue* ; par conséquent ils ont une *forme* et une *place*, c'est-à-dire qu'ils sont *localisés* à tel ou tel endroit. Leur caractère général reconnu par toutes les sciences, c'est qu'ils sont tous des *mouvements* ou des formes variées du mouvement. Au contraire les faits *spirituels* se passent dans le *temps* et non dans l'espace, ils *n'ont pas d'étendue, ni de forme, ni de place* précise ; il serait ridicule de parler de la surface occupée par une pensée, de sa forme ronde ou carrée ; enfin *les pensées ne se présentent pas à nous comme des mouvements* et on ne peut les expliquer en les ramenant à des mouvements.

2° *Ces phénomènes diffèrent par la façon dont ils sont connus.* Les premiers sont *perçus par les sens*, les seconds *échappent* absolument *aux sens* même aidés des instruments qui en accroissent la portée. Nous pouvons *voir* les signes extérieurs de la douleur d'autrui, mais nous *ne voyons pas cette douleur* elle-même, et nous ne voyons en réalité aucun sentiment ni aucune pensée d'un autre homme ; nous ne connaissons d'une manière directe que nos propres sentiments et nos propres pensées, et cette connaissance toute particulière est due à la *conscience que nous en avons* et non à l'exercice d'aucun de nos sens. On peut conclure avec Stuart Mill : « Quelque opinion que l'on adopte sur l'identité ou la diversité fondamentale de la matière et de l'esprit, la *distinction des faits mentaux et des faits organiques* subsiste toujours comme base d'une classification. »

93. Caractères des sciences morales. — Ces différences dans les phénomènes sont telles qu'elles entraînent avec elles la séparation des sciences qu'ils étudient. La connaissance des faits de l'esprit s'est faite depuis longtemps dans les ouvrages mêmes des moralistes et des littérateurs avant que la physiologie cérébrale eût même commencé. Les sciences morales se sont formées indépendamment avec leurs caractères propres.

Elles sont cependant les moins avancées de toutes les sciences à cause de *l'extrême complexité des phénomènes* qu'elles étudient. La plus simple pensée d'un homme dépend de mille circonstances physiques et morales, des influences extérieures, des lois de son organisme physiologique, aussi bien que de son éducation, de ses lectures, de ses habitudes, etc. Quelques-uns de ces faits sont déjà étudiés par les sciences précédentes, comme la physique et la physiologie; les sciences morales, bien plus complexes, viennent donc après ces sciences et en dépendent. Ce qui a permis de simplifier l'étude des phénomènes physiques, c'est l'usage du calcul; malheureusement il ne peut en être ainsi dans les sciences morales, car *les phénomènes de l'esprit ne peuvent pas être mesurés* rigoureusement. La mesure comme on l'a vu suppose une unité, c'est-à-dire une grandeur qui reste toujours égale, et cette égalité ne peut se constater qu'en superposant les différentes grandeurs. La superposition ne peut se faire sans la coexistence et l'étendue. On ne peut superposer une douleur d'hier sur une douleur d'aujourd'hui et *le calcul* mathématique *ne pourra s'appliquer* rigoureusement dans les sciences morales. Ces sciences auront cependant une supériorité : les faits qu'elles étudient *sont connus directement* sans l'intermédiaire des milieux extérieurs et des sens, ils sont donc *certains*. Le problème consistera à comprendre ces faits, qui sont aussi certains que difficiles à interpréter.

§ 2. — Principales divisions des Sciences morales.

94. Division générale des sciences morales. —
L'homme peut être considéré : 1° en lui-même ; 2° dans ses
rapports avec ses semblables ; 3° dans son évolution à travers les âges, ce qui donne naissance à trois groupes d'é-
tudes : 1° les sciences morales proprement dites ou *noologiques* ; 2° les sciences *sociales* ; 3° les sciences *historiques*.
Nous n'étudions en ce moment que les deux premières, la
troisième ayant des méthodes distinctes qui nécessitent une
étude particulière.

95. La psychologie. — La première de ces sciences
noologiques qui étudient l'esprit (νόος esprit, λόγος) et la plus
importante, car elle sert de fondement à toutes les autres, est
la *psychologie* (ψυχή âme, λόγος science). Ce mot, qui se trouve
pour la première fois dans les écrits de Wolf (*), un philosophe allemand disciple de Leibniz, n'a pas précisément le
sens que son étymologie indiquerait. Les études sur la *nature même de l'âme*, c'est-à-dire sur le principe et la cause
des phénomènes de pensée, appartiennent à la *psychologie
rationnelle*, qui forme une partie de la *métaphysique* et non
une étude scientifique. La psychologie proprement dite est
une *science d'observation* qui cherche *à décrire les phénomènes de la conscience et à déterminer leurs lois*. Cette étude
elle-même se subdivise suivant les procédés qu'elle emploie ;
la psychologie *subjective* analyse surtout les phénomènes qui
se passent dans *notre propre conscience*, la psychologie *objective* ajoute aux renseignements fournis par notre propre
conscience, les notions précieuses que nous acquérons par
l'étude des autres hommes. Celle-ci renferme plusieurs parties
plus ou moins distinctes. La *psycho-physique* cherche à déterminer et même à mesurer les rapports qui existent entre les
phénomènes physiques qui agissent sur nos sens et les sensations que la conscience humaine peut percevoir. La *psycho-
physiologie* s'efforce de découvrir les rapports qui relient
telle ou telle partie de l'organisme, notamment le cerveau, avec
telle de nos facultés mentales. La *psychologie comparée* examine *les diverses modifications* que présentent les phénomènes moraux chez les différents êtres conscients ; elle compare les différentes races d'hommes, les différents âges, elle

insiste sur l'étude très intéressante de l'esprit des enfants, enfin elle cherche à deviner les états de conscience des animaux et à les interpréter en les rapprochant de la pensée humaine. La *psychologie pathologique* et *tératologique* étudie les altérations de la conscience, chez les malades, les aliénés, les criminels, les êtres dont l'esprit est rudimentaire ou difforme. Cette étude n'est pas seulement importante en elle-même pour nous apprendre quelles sont les altérations surprenantes dont notre pensée est susceptible, elle contribue aussi beaucoup aux progrès de la psychologie normale et elle nous permet des applications pratiques de la plus haute importance. Unie à la psychologie comparée, elle donne naissance à la *pédagogie*, qui est l'art d'élever les esprits jeunes et d'en assurer le complet et régulier développement; elle permettra de créer la *psychiatrie*, qui est l'art de soigner, de guérir ou du moins d'améliorer les infirmités et les souffrances de l'esprit.

96. Sciences normatives. — Parmi les idées de l'esprit humain se rencontrent un certain nombre de jugements qui jouent un grand rôle dans notre conduite, ce sont les *jugements d'appréciation* ou de *valeur*. Nous ne nous bornons pas à penser, à agir, à sentir, nous jugeons que notre pensée est correcte ou non, c'est-à-dire *vraie ou fausse*, que notre action est *bonne ou mauvaise*, que notre sentiment est *beau ou laid*. Nous concevons donc une règle à laquelle notre esprit devrait se conformer, et c'est cette fin imposée par nous à notre activité que l'on appelle un *idéal de vérité, de bien, de beauté*. Recueillir ces jugements d'appréciation, examiner ces conceptions de l'idéal, les comparer, les unir entre elles, telle est la matière de sciences nouvelles, les sciences *normatives*, suivant l'expression de Wundt (*), qui étudient la règle (*norma*) de la pensée. Les trois formes de l'idéal donnent naissance à trois sciences de ce genre, la *logique* pour l'idéal du vrai, la *morale* pour l'idéal du bien, l'*esthétique* pour l'idéal de la beauté.

97. Les sciences sociales. — Ces sciences étudient les phénomènes moraux qui déterminent les *relations des hommes* les uns avec les autres, les lois qui régissent les *sociétés*. Le plus souvent il ne s'agit dans ces sciences que des sociétés humaines, mais elles tiennent souvent grand compte des *sociétés animales*, telles que celles des fourmis, des abeilles, des castors, etc. La principale de ces sciences serait, suivant l'expression d'Auguste Comte, la *sociologie*, science des lois qui régissent toute société et en dirigent l'évolution. Elle se diviserait suivant cet auteur en *statique sociale*, science de la structure ou de l'ordre qui sont les fondements de toute société, et en *dynamique sociale*, science des fonctions et des progrès de cette société. Cette division rappelle la division de la mécanique en étude de l'équilibre et étude du mouvement et celle de la biologie en étude de l'organisation (anatomie) et étude des fonctions (physiologie).

A la sociologie se rattachent bien d'autres recherches qui étudient les manifestations diverses de notre activité sociale : les études *philologiques* ou études du langage ; l'*économie politique*, étude de l'activité industrielle et commerciale des hommes ; le *droit*, qui règle les relations des citoyens entre eux ; le *droit des gens*, qui essaye de régler les relations des diverses nations entre elles « de façon, dit Montesquieu (*), que dans la paix elles se fassent le plus de bien et dans la guerre le moins de mal possible sans nuire à leurs véritables intérêts » ; la *politique*, qui détermine la meilleure forme de constitution d'un pays en tenant compte des moyens et de l'état actuel de la société.

Toutes ces études font partie des sciences morales, qui s'étendent comme on le voit sur toutes les questions les plus importantes pour le développement et le bonheur de l'humanité.

§ 3. — L'OBSERVATION DANS LES SCIENCES MORALES.

98 **L'observation des faits psychologiques par la conscience.** — Dans les sciences morales comme dans les sciences de la nature, la partie la plus importante de la méthode consiste dans la recherche des phénomènes. Nous ne pouvons imaginer les lois du monde moral pas plus que celles du monde physique, il nous faut *observer* les faits pour les connaître.

Cette observation présente ici un caractère essentiel, de toute nécessité elle doit commencer en *nous-même au moyen de la conscience.*

La conscience, au moins la conscience *réfléchie*, est cette connaissance que nous avons nous-mêmes des phénomènes qui se passent en nous. Elle est indispensable pour nous donner la première notion des faits moraux. En effet, *aucune observation extérieure* par les sens *ne peut nous révéler un fait de conscience.* C'est en vain qu'Auguste Comte a voulu que l'on construisît la psychologie au moyen de l'étude anatomique et physiologique du cerveau. L'examen de cette masse grise et molle, et même, si elle était possible, l'étude des mouvements qui se passent dans les cellules du cerveau ne nous feraient jamais connaître rien qui ressemble à une pensée ou à un sentiment. Comme l'a dit Tyndall (*), « si je savais que l'amour est un mouvement en spirale dextre (de droite à gauche) et la haine un mouvement en spirale senestre (de gauche à droite) de certaines molécules cérébrales, si d'ailleurs je n'avais jamais éprouvé de sentiments d'amour ou de haine, j'ignorerais à jamais leur nature. »

L'histoire non plus, *ni l'étude des langues,* comme le pensait Renan, ne peut, au début, remplacer l'observation par la conscience.

L'histoire ne nous montre que les actions des hommes, leurs *gestes,* c'est-à-dire les *signes* à propos desquels un esprit qui connaît déjà par lui-même la nature des sentiments, peut les deviner chez les autres, mais jamais elle ne nous montre les sentiments eux-mêmes, de façon à nous dispenser de les connaître en nous. C'est donc la *réflexion,* non pas dans le sens ordinaire de méditation, mais dans le sens de retour sur soi-même, qui nous permet de nous sentir penser ; c'est cette réflexion seule qui doit être à la base des sciences morales. L'observation dans les sciences morales est donc au début une observation intérieure par la conscience, une *introspection,* comme l'ont appelée plusieurs psychologues anglais.

99. Insuffisance de l'observation par la conscience. — Cette observation interne si indispensable présente néanmoins de très *graves difficultés* et doit être complétée par d'autres méthodes d'observation.

Jouffroy (*) décrivait six inconvénients principaux de l'introspection : 1° Nous avons l'habitude de porter notre *attention au dehors* plutôt qu'au dedans. 2° Les phénomènes psychologiques sont *nombreux,* rapides, souvent simultanés et par conséquent difficiles à constater. 3° Notre *langage,* tout rempli d'expressions qui désignent des *objets matériels,* est peu fait pour représenter des phénomènes qui n'ont rien de matériel. 4° Dans ces études, *l'observateur ne se distingue pas de l'objet observé,* il doit produire en lui-même une pensée et en même temps l'observer. « Ces phénomènes psychologiques sont troublés par cette attention, dit Cournot (*), ils le seront à ce point qu'il deviendra difficile de les saisir tels qu'ils sont ou seraient sans l'immixtion inévitable de cette cause perturbatrice. » 5° La conscience est absolument *individuelle,* elle nous dit ce qui se passe en nous-mêmes et non ce qui se passe en autrui. Si le psychologue était réduit à sa seule conscience, il pourrait écrire ses mémoires, faire ses confessions comme Saint Augustin (*), comme Jean-Jacques Rousseau (*), mais il ne pourrait faire une science ayant une portée générale. 6° Nous ne sommes capables de nous observer nous-mêmes qu'à un âge relativement avancé, quand toutes nos facultés sont *développées.* Si nous nous bornions à les décrire à ce moment, nous ne pourrions connaître *ni leur formation, ni les lois de leur fonctionnement.*

100. L'observation extérieure, objective en psychologie. — Sans doute, des efforts d'attention et une éducation spéciale pourraient triompher des premières difficultés, mais les autres ne peuvent être surmontées que par l'emploi de méthodes nouvelles. Il faut que *l'observation des autres hommes,* l'étude des consciences différentes de la nôtre, telle qu'elle a lieu dans la psychologie *objective,* vienne nous montrer le *degré de généralité* de nos observations et nous faire comprendre les *débuts de la vie* de l'esprit.

L'observation extérieure est impossible au début de la psychologie, parce que nous n'avons aucune notion du fait de conscience et que nous devons commencer par l'observer en lui-même. Mais quand nous connaissons déjà par notre propre expérience ce qu'est une pensée ou un sentiment, nous pouvons indirectement constater cette pensée ou ce sentiment chez les autres, d'après les *signes qui les manifestent.* Les sciences font sans cesse de ces *constatations indirectes,* le physicien apprécie la température d'un corps par la hauteur de la colonne thermométrique, le chimiste analyse la composition des étoiles, qu'il ne peut cependant toucher, par les raies de leur spectre. Le psychologue a le droit de procéder de même et de joindre les faits donnés par *l'observation indirecte ou objective* à ceux que fournit la conscience.

Ces nouvelles méthodes nous montreront que d'autres hommes, même fort éloignés de nous, séparés par le temps, l'espèce, la race, la civilisation, présentent cependant *les mêmes pensées* et font les mêmes efforts. Les anciens poèmes de l'Inde, qui remontent à bien des siècles avant l'ère chrétienne, exprimaient déjà les mêmes appréciations morales et artistiques que nous formulons encore aujourd'hui. L'étude de l'*histoire*, des *religions*, des *législations*, des *langues* donne à la psychologie la généralité qui lui manquait.

Reste le dernier problème, comment connaître et comprendre l'évolution des phénomènes psychologiques? La psychologie comparée avec l'*étude des enfants*, l'*étude même des animaux* y répondra en partie. Mais pour bien comprendre les relations des phénomènes, il faut, comme nous l'avons vu, les examiner dans des circonstances différentes, faire varier les conditions dans lesquelles ils se produisent ; en un mot à l'observation doit se joindre l'expérimentation.

101. L'expérimentation en psychologie. — L'expérimentation est-elle possible dans les sciences morales ? Longtemps ce procédé parut inadmissible, car il ne semblait pas que l'on pût déterminer et modifier à son gré les phénomènes de la pensée. Cependant bien des *expériences* ont pu être faites et sont devenues de plus en plus indispensables.

On peut d'abord d'une manière simple expérimenter sur soi-même, soit en *recourant à la mémoire et à l'imagination* qui font revivre les phénomènes disparus, soit en se plaçant dans des conditions favorables à la *reproduction de tel ou tel phénomène déterminé*. Grâce aux liens intimes et incontestables qui unissent le corps et l'esprit, on peut, en *agissant sur le corps* d'un homme, déterminer dans son esprit des phénomènes faciles à prévoir. Déterminer une douleur par une piqûre, une sensation de couleur par une lumière approchée des yeux, c'est évidemment réaliser une expérience de psychologie.

Cette méthode a été précisée, et on a cherché à mesurer l'intensité de la sensation produite à la suite d'une excitation de grandeur bien déterminée. Cette mesure du rapport quantitatif entre la sensation et l'excitation forme toute une étude particulière exposée en Allemagne par Fechner (*), Hering (*), Wundt, etc., et que l'on appelle la *psycho-physique*. La *psycho-physiologie*, au lieu de chercher immédiatement le rapport entre les phénomènes physiques et les sensations cherche une *relation* plus simple, *celle du corps organisé et de l'esprit.* Elle détermine les changements des phénomènes psychologiques qui accompagnent les modifications physiologiques du corps, que celles-ci surviennent spontanément ou qu'elles soient déterminées artificiellement. Certains états anormaux qui surviennent spontanément chez certains malades, les *somnambulismes*, ou que l'on détermine artificiellement chez ces mêmes personnes, *les états hypnotiques,* sont caractérisés par une extrême malléabilité de l'esprit.° Il est possible dans ces états de faire naître par des commandements appropriés, *des suggestions*, tous les phénomènes psychologiques que l'on désire. On peut par ces véritables expériences morales suivre le développement des phénomènes de la pensée dans des conditions que l'on a choisies et déterminées à l'avance. Ces procédés d'expérimentation, malgré leur utilité, ne laissent pas d'avoir leurs inconvénients. D'abord il est bien évident que de telles recherches ne sont jamais faites *qu'avec le consentement* de la personne qui veut bien s'y prêter et avec toutes sortes de *précautions* pour que l'expérience ne puisse avoir aucun inconvénient pour elle ; ensuite il n'est guère possible de modifier beaucoup l'esprit de cette manière, et il est difficile de se mettre à l'abri d'innombrables chances d'erreur.

Une autre étude plus importante doit légitimement être rattachée aux expérimentations psychologiques, c'est l'*étude des maladies de l'esprit.* La nature a produit ici des *augmentations*, des *diminutions* de tous les phénomènes, elle *supprime* complètement telle ou telle fonction ou *modifie les conditions* dans lesquelles elle s'exécute. Ce sont de *véritables expériences* que la nature nous présente, telles que nous ne pourrions jamais les réaliser et dont nous devons savoir tirer le plus grand profit.

102. L'expérience dans les sciences sociales. — Même dans les sciences sociales, l'expérience pourrait avoir sa place. L'essai de tel ou tel mode d'*éducation* qui produit des résultats déterminés, le *changement des lois* relatives aux criminels, des *divers modes de répression* constituent des expériences. Un législateur qui saurait, avant d'adopter défnitivement une mesure, la prendre *à titre provisoire* et l'appliquer seulement à un groupe restreint de citoyens, pourrait expérimenterdans les sciences politiques. C'est ainsi que les sciences morales peuvent recueillir les phénomènes dont elles ont besoin pour édifier leurs théories.

§ 4. — L'INDUCTION ET LA DÉDUCTION DANS LES SCIENCES MORALES.

103. La classification dans la psychologie. — La première opération que le savant exécute sur les faits qu'il a observés consiste à les classer et la classification est aussi indispensable dans les sciences morales. Les phénomènes psychologiques ont toujours été dès les premiers essais des philosophes répartis en groupes que l'on désigne sous le nom de *facultés*. Il ne faut pas entendre ce mot dans le sens un peu trop vague qu'on lui donnait jadis. Les facultés ne sont pas *des puissances* qui produisent les faits, des personnages qui rendent compte l'un de la sensation, l'autre de la mémoire. Non, nous ne connaissons pas la cause première des faits, et expliquer le souvenir par la faculté de la mémoire, c'est répéter encore que « l'opium fait dormir parce qu'il a une vertu dormitive ». Les facultés ne sont que *des classes* dans lesquelles nous groupons les phénomènes en attendant que nous puissions trouver leurs explications et leurs lois. Ce classement ne se fait pas seulement d'après la ressemblance des phénomènes, mais encore autant que possible d'après leur *dépendance*. On applique alors les deux règles posées par Garnier (*) :

1° Deux phénomènes font partie d'une même faculté *quand ils se produisent toujours ensemble*, et appartiennent à deux facultés différentes quand ils se produisent isolément.

2° Deux phénomènes font partie d'une même faculté quand ils se produisent toujours *en raison l'un de l'autre*, par exemple quand ils grandissent ensemble et diminuent ensemble. Quand on peut grouper les faits d'après ces règles, on établit entre eux des relations de dépendance qui préparent la découverte de leurs lois.

104. Les lois psychologiques. — La psychologie a pour objet, disait Stuart Mill, les *uniformités de succession*, c'est-à-dire les lois, soit primitives, soit dérivées, d'après lesquelles un état mental succède à un autre, est la cause d'un autre ou du moins de l'arrivée d'un autre. Cette conception si simple des lois psychologiques analogues aux lois que l'*in-*

duction nous permet de découvrir dans la nature a été très discutée. On peut d'abord remarquer que des lois de ce genre sont encore bien rares et peu précises et qu'il est impossible de *prévoir* comment un individu pensera, sentira, agira dans le cours de sa vie avec une certitude pareille à celle de l'astronome qui prédit les positions et les oscillations des corps célestes. Ce défaut de précision dépend de l'imperfection de la science et doit diminuer dans une forte proportion avec ses progrès. « Les faits qui se succèdent d'après des lois constantes, disait justement Stuart Mill, sont en eux-mêmes propres à être le sujet d'une science quand même ces lois ne seraient pas encore découvertes; il en est de même dans la météorologie et dans la théorie des marées. Personne ne doute, cependant, que ces phénomènes ne dépendent de certaines lois et que ces lois ne dérivent de lois supérieures. »

On a encore remarqué que *les phénomènes psychologiques ne peuvent pas être déduits d'autres phénomènes*, il y a discontinuité entre deux phénomènes psychologiques aussi bien qu'entre un phénomène psychologique et un phénomène physiologique. Il en est ainsi pour tous les phénomènes de l'univers; David Hume (*) montrait fort bien après Malebranche (*) que l'ébullition de l'eau ne peut se déduire des propriétés apparentes du feu. Celui qui n'aurait pas constaté par les sens l'ébullition de l'eau ne pourrait la deviner ni la prévoir en étudiant le feu, pas plus que l'on ne pourrait déduire la pensée de l'examen d'une cellule cérébrale. C'est là un caractère général de toutes les lois de la nature qui sont des relations établies par notre esprit entre des phénomènes donnés par l'expérience mais qui ne nous expliquent pas leur véritable origine.

L'objection la plus grave que l'on ait faite a l'existence des *lois psychologiques* c'est qu'*elles rendraient impossible la liberté morale* de l'homme, cette indépendance de la volonté par rapport aux diverses influences physiques ou morales. Ce problème de l'opposition entre la liberté et les lois morales s'est posé surtout dans les sciences sociales à propos d'une loi particulière appelée *loi des grands nombres*.

« C'est ainsi, comme le remarque Buckle (*), que dans tout grand pays, le nombre des assassinats, en proportion de la population, varie très peu d'une année à l'autre...; la même régularité se rencontre dans la proportion des meurtres commis annuellement avec telle ou telle espèce d'instrument...;

fait plus curieux encore, le nombre des lettres jetées à la poste à Paris et à Londres et auxquelles on a oublié de mettre l'adresse, est chaque année à peu près dans la même proportion avec le nombre des lettres déposées. »

On pourrait répondre que cette loi n'est pas très rigoureuse, qu'elle laisse encore une grande place à la liberté et au hasard; on pourrait remarquer qu'elle ne détermine que l'ensemble et non chaque cas particulier. Enfin il est facile de constater que, si l'on additionne un grand nombre de phénomènes en partie variables, les variétés de chaque cas particulier s'annuleront les unes les autres et ne se manifesteront pas dans le total, tandis que la portion de chaque fait qui était régulière et déterminée apparaîtra seule dans le total. On ne prétend pas que les actes humains soient entièrement libres, ne renferment aucune partie déterminée ; *ce sera cette partie régulière et déterminée de nos actes que la loi des grands nombres mettra en évidence.*

D'une façon générale on peut remarquer que *la liberté humaine n'est pas un pouvoir capricieux,* indépendant de toute espèce d'ordre ou de raison, car un acte libre ainsi entendu serait inexplicable et serait un simple phénomène de hasard. La liberté est une *indépendance relative,* une indépendance de certaines pensées supérieures par rapport aux lois qui règlent le monde mécanique, de même, si l'on peut prendre cette comparaison, que la chaleur des animaux à température constante est jusqu'à un certain point, grâce à un mécanisme supérieur, indépendante de la température extérieure. La liberté ne supprime donc pas les lois des phénomènes rationnels; elle consiste précisément dans l'application de ces lois.

105. L'induction en psychologie. — S'il en est ainsi, la plupart des méthodes qui nous ont servi à déterminer les lois dans les sciences de la nature, le *raisonnement par analogie,* l'*hypothèse,* l'*induction* doivent jouer leur rôle dans les sciences morales. Bien des lois psychologiques ont été découvertes en supprimant ou en faisant varier les phénomènes, comme le demandent les méthodes de Stuart Mill.

Nous signalerons seulement une méthode un peu particulière, analogue dans ses grands traits aux tables de Bacon, et qui joue dans les sciences morales un rôle plus considérable que dans les sciences physiques, c'est la *statistique.* « C'est un *dénombrement des faits* de tel ou tel ordre déterminé, accompli dans une période donnée, et l'expression, soit par des tableaux de chiffres, soit par divers procédés graphiques, des résultats de ce dénombrement. » La statistique permet de grouper les faits qui s'accompagnent régulièrement, de dégager ceux qui sont plus fréquents ou permanents, d'éliminer les phénomènes inutiles ou accidentels. Mais ces statistiques ne sont justes que si elles portent sur un très grand nombre de faits pour éliminer les coïncidences accidentelles, que si elles sont faites d'une manière très complète et impartiale. Elles présentent en un mot à un haut degré les dangers propres à tout raisonnement inductif.

106. Le raisonnement déductif dans les sciences morales. — Le raisonnement déductif a souvent joué un grand rôle dans les sciences morales : beaucoup de philosophes ont considéré la *logique, la morale, l'esthétique, la politique* comme des sciences absolument *déductives*, analogues aux mathématiques. Ils choisissaient quelque principe général qu'ils formulaient *a priori* (c'est-à-dire indépendamment de toute étude expérimentale) et ils en tiraient seulement par déduction d'innombrables conséquences. Toute idée morale devait être la conséquence de l'imitation divine, toute décision politique devait être un corollaire du droit divin, etc.

Une semblable conception des sciences morales est des plus *dangereuses*. Elle donne à ces sciences *un caractère arbitraire et même despotique* ; chaque auteur prend arbitrairement l'une de ses conceptions et veut l'imposer sans raison à tous les hommes. Aristote, avant d'écrire sa politique, avait étudié 158 constitutions grecques ou barbares et il voulait que, même dans ce genre d'études, *on tirât les principes généraux de l'observation des faits particuliers*. C'est par l'observation et l'induction que doivent débuter les sciences morales.

Mais, ce point une fois admis, il est incontestable que la déduction rend plus tard de très grands services ; elle permet de *tirer des conséquences particulières des principes une fois admis*. Ces conséquences sont importantes à deux points de vue. D'abord elles permettent de vérifier la valeur des principes adoptés. Ceux-ci, comme toute hypothèse, se vérifient par leurs conséquences, et nous pouvons constater dans l'histoire, dans le développement de la civilisation bien des faits qui nous apparaîtront comme la conséquence des hypothèses morales que nous aurons formulées et qui les justifient. D'autre part, les sciences morales sont surtout des sciences *pratiques*; elles ne nous apprennent pas seulement à comprendre la vie humaine, mais encore à la *régler*. La déduction des conséquences nous permettra de faire *des applications pratiques à la pédagogie, à la psychiatrie, à la politique* des principes que nous auront fournis l'examen des faits psychologiques et moraux. C'est ainsi, grâce à ces différentes méthodes, que les sciences morales pourront être aussi utiles au bonheur des hommes qu'elles sont nécessaires à leur intelligence.

CHAPITRE V.

Les Sciences historiques.
Rôle de l'histoire dans les Sciences morales ;
la Critique historique.

§ 1. — Objet des Sciences historiques.

107. Les événements passés. — Le mot *histoire* désigne d'ordinaire le récit des *événements humains dignes de mémoire*; mais c'est là prendre le mot dans un sens trop restreint. Ce qui caractérise l'histoire d'une manière générale, c'est que les faits étudiés par elle sont *passés*, qu'ils n'existent plus actuellement et par conséquent ne peuvent plus être aujourd'hui l'objet de notre observation. Mais, dira-t-on, il en est de même pour les phénomènes de toutes les sciences qui ont été observés autrefois par les savants qui les ont décrits pour la première fois. Sans doute l'expérience même de la pression barométrique qui a été faite au Puy-de-Dôme par Périer au 17e siècle est passée, mais le fait simple qu'il a constaté, la diminution de la colonne barométrique, *se reproduit encore aujourd'hui* tel qu'il était ou du moins sans modifications appréciables à nos sens; il peut toujours être constaté où, et quand l'on voudra, il n'est donc pas *passé* dans le sens strict du mot. Au contraire, les événements étudiés par l'histoire sont des *faits très complexes*, caractérisés par la réunion de mille circonstances. Cette rencontre complexe a eu lieu une

fois mais elle ne se reproduit plus jamais exactement semblable et le phénomène est réellement passé et disparu. *L'histoire est l'étude de ces faits complexes considérés individuellement de telle sorte qu'ils n'existent qu'une seule fois.*

108. Importance de l'histoire. — On peut se demander alors quel intérêt s'attache à l'étude de ces phénoménes
disparus qui ont existé une fois mais qui n'existeront plus
jamais. La science d'ordinaire ne s'occupe que *du général* et
non du particulier, elle ne se préoccupe que de ce qui est
utile pour l'avenir et non de ce qui est définitivement disparu. En effet, le phénomène passé ne mérite pas d'être étudié
en lui-même ; mais il ne s'est pas produit au hasard, il est le
résultat d'événements antérieurs, il présente avec d'autres faits
des relations que nous pouvons découvrir. Ces relations ne sont
pas aussi particulières, aussi passagères que les événements,
elles se retrouvent semblables entre des événements nouveaux
qui individuellement sont différents des premiers. On espère
donc en étudiant les faits historiques découvrir en eux quelque chose de général, on espère abstraire de ces événements
que leur complexité rend individuels quelque chose de simple
qui pourra être général, se retrouver dans les événements
présents et futurs et par conséquent nous être utile.

109. Les lois historiques. — La description pure et simple des faits passés n'est donc pas le seul objet de l'histoire,
elle n'est qu'une préparation à la découverte des lois entre
les phénomènes que ces études doivent rechercher comme
toutes les études précédentes. Dans toutes les sciences, il y a
une partie qui est historique, qui consiste dans la description
des faits considérés comme complexes et individuels, mais
dans les sciences de la nature cette étude descriptive, historique a été bien vite dépassée ; on a laissé de côté les détails
inutiles, on a simplifié et abstrait le phénomène de manière
à lui donner la généralité qui lui manquait. Les sciences
purement descriptives et historiques sont devenues des
sciences explicatives. Seules la *paléontologie*, la *géologie* conservent encore en partie leur caractère historique.

Mais dans les *sciences morales*, il n'en a pas été ainsi. *La
découverte des lois* dans ces phénomènes est, comme on l'a
vu, *très difficile* ; nous ne pouvons encore abandonner les
détails des phénomènes car nous ne savons pas quelle en est
l'importance, nous ne savons pas si un accident en apparence

insignifiant ne nous révélera pas la loi générale que nous cherchons. C'est donc dans les sciences morales que l'histoire aura le plus conservé son caractère.

110. Divisions des études historiques. — Les études historiques des phénomènes moraux se subdivisent suivant les phénomènes moraux particulièrement considérés. *L'histoire de l'art, de la littérature* recherche les manifestations particulières des sentiments esthétiques ; *l'histoire des religions, des grands systèmes philosophiques,* celles du sentiment religieux ; *l'histoire des monnaies, du commerce,* etc. recherche les faits particuliers qui permettent de fonder les lois générales du développement de la richesse, objet de l'*économie politique.* Mais ce sont surtout les phénomènes sociaux, les phénomènes qui manifestent *la vie des sociétés* humaines que l'histoire étudiera de préférence pour fournir les matériaux de la *sociologie* et de la *politique* pratique que l'on espère en faire sortir. C'est ainsi que l'histoire méritera la définition que donnent de cette étude A. Comte et Littré (*) : « L'histoire est la recherche des conditions qui font que les états sociaux se succèdent les uns aux autres dans un ordre déterminé. »

§ 2. — LA MÉTHODE DU TÉMOIGNAGE.

111. Observation indirecte, le témoignage. — Les faits historiques étant passés et disparus ne peuvent plus être observés d'une manière directe, ils ne sont accessibles qu'à une *observation indirecte* dont nous avons déjà montré l'importance dans d'autres études. Ils seront connus grâce à une hypothèse fondée sur *les traces que les faits ont laissées.* Ces traces seront quelquefois physiques et matérielles et devront être étudiées par les méthodes appliquées à l'interprétation des faits physiques. Mais le plus souvent ces traces consistent dans *des impressions faites sur l'esprit* de certains hommes et ne sont manifestes que par leur langage. On donne le nom de *témoignage* à *cette attestation d'un fait par un témoin, par une personne qui a pu constater le fait* elle-même. Cette attestation a une grande importance pratique et nous en faisons sans cesse usage. Il est absolument impossible de vérifier par nos propres sens toutes les connaissances que l'on nous enseigne journellement, et la plupart de nos pensées sont déterminées par la parole d'autrui. Mais l'histoire surtout est entièrement fondée sur le témoignage, car elle ne peut connaître autrement les phénomènes du passé.

112. Le principe du témoignage. — La confiance des hommes dans le témoignage est fondée, disait Reid, sur deux principes, *le principe de véracité* et *le principe de crédulité* ; disons plutôt que ce sont là deux lois psychologiques auxquelles il est juste de se fier, car elles ont une assez grande généralité. L'homme est naturellement *porté à dire la vérité* lorsqu'il n'est pas poussé au mensonge par intérêt ou par passion ; nos idées, en effet, ont une grande tendance à s'exprimer et il faut une pensée opposée et puissante pour arrêter cette expression naturelle. D'autre part, les hommes sont *disposés à croire* ce qu'ils entendent, à moins qu'ils n'aient des raisons puissantes pour se défier. La défiance pas plus que le mensonge n'est le premier mouvement de l'esprit.

113. Règles du témoignage dans le cas d'un seul témoin. — Les règles de la méthode du témoignage découlent naturellement de ces deux lois psychologiques. Il faut, avant d'accepter la parole *d'un témoin*, chercher s'il a des *motifs pour mentir* et si nous avons *des motifs pour nous défier de lui*. Si de tels motifs n'existent pas, il sera vraisemblable qu'il dit la vérité et nous nous laisserons entraîner par notre crédulité naturelle. Cette vérification est théoriquement facile, il suffit d'examiner le témoin dans son *intelligence* et dans sa *moralité*. Chacun de ces deux points sera examiné de deux manières, *d'une façon générale et d'une façon plus précise* en rapport avec le cas dont il s'agit. 1° Le témoin est-il *intelligent* d'une manière générale, c'est-à-dire est-il capable d'observer un fait et de comprendre l'importance de ses paroles ? Le témoignage d'un dément ne serait pas mieux accepté par les historiens que par les magistrats. 2° A-t-il l'intelligence *spéciale*, c'est-à-dire la *compétence* pour constater le genre de faits dont il est question ? On préférera le témoignage d'un astronome quand il s'agit de la marche des astres, celui d'un médecin quand il s'agit de blessure ou de mort, de même que les tribunaux nomment des *experts* pour l'examen de certains faits spéciaux. 3° Le témoin a-t-il une *moralité générale*, s'est-il montré dans le reste de sa vie honnête et digne de foi ? Les tribunaux n'acceptent pas le témoignage d'un homme déjà antérieurement condamné et l'historien se méfie d'un témoin de réputation malhonnête. 4° Le témoin a-t-il une *moralité spéciale*, est-il vraisemblable qu'il sera honnête dans l'affaire dont il est question ? C'est-à-dire a-t-il des raisons particulières pour nous tromper, a-t-il des *intérêts engagés dans cette affaire ?* On n'accepte pas le témoignage d'une personne intéressée dans le fait dont il s'agit, car on suppose qu'elle aura des raisons pour altérer la vérité.

114. Rencontre de plusieurs témoignages. — Telles sont les règles qui permettent de juger un *témoin* lorsqu'il est *seul* : quoiqu'elles semblent simples, elles sont d'une application fort difficile. Autant que possible il est préférable de ne pas s'en tenir à un seul témoin, qui, sans être tout à fait nul, comme disent les magistrats (*testis unus, testis nullus*), est cependant bien insuffisant.

Dès que nous avons *plusieurs témoignages* sur un même fait, notre croyance change de caractère et nous avons une bien plus grande confiance, c'est que dans cet ensemble de témoignages il y a un fait nouveau et fort important, *l'accord, la rencontre de ces témoignages*. Il est difficile d'expliquer l'accord de plusieurs mensonges, tandis que la vérité, qui est *une*, explique l'unité de ces témoignages. Mais dans ce cas il faut prendre une précaution essentielle, il faut vérifier si *ces témoignages sont réellement nombreux*, s'ils ne se ramènent pas à un témoignage unique. Cela arrive ainsi quand les témoins se sont entendus ou simplement connus et quand ils se répètent les uns les autres. Aussi faut-il choisir de préférence des témoins très différents les uns des autres, séparés par leur situation et leur vie. Ils nous fourniront des témoignages dont l'accord sera plus intéressant et plus utile pour la démonstration du fait.

115. La vraisemblance des faits. — Après avoir examiné les témoins, il faut dans la critique des témoignages examiner aussi le fait lui-même qu'ils rapportent. La *vraisemblance* du fait joue un rôle important, car elle nous rend plus indulgents ou plus sévères dans l'examen des témoins. « Tout fait *absolument invraisemblable*, dit Daunou (*), qui ne peut se concilier avec les principes de notre raison et avec les lois constantes du monde physique est à rejeter comme fabuleux : ce serait un soin superflu que de compter et de peser des témoignages qui l'énoncent, il est nécessairement erroné ou mensonger. »

L'invraisemblance physique est peut-être un peu moins forte : le fait est simplement en opposition avec les lois scientifiques actuellement admises, comme sont les miracles, par exemple. Nous n'avons pas le droit de rejeter complètement de tels récits car nous ne pouvons affirmer la certitude des lois physiques, mais nous devons être extrêmement *sévères sur la compétence et le désintéressement des témoins.* *L'invraisemblance* purement *morale ou historique* consiste dans l'opposition entre un fait et ce que nous savons déjà du caractère d'un personnage ou d'une époque. Elle est plus faible que les précédentes, mais nous invite cependant à une critique attentive des témoignages.

Ces règles concernant les témoins sont générales, elles sont appliquées aussi bien dans la vie pratique que dans les discussions des tribunaux ; l'histoire doit en tenir aussi le plus grand compte dans l'examen de ses documents.

§ 3. — La critique historique.

116. Les documents de l'histoire. — De quelle nature sont maintenant les témoignages que l'historien doit recueillir et critiquer ? Naturellement, tant que cela est possible, il recourt au *témoignage des contemporains*, mais cela n'est possible que pour des événements récents dont des personnes vivantes conservent encore le souvenir. Quand il s'agit d'événements plus anciens, il faut recourir à l'étude de la *tradition*, des *monuments*, des *documents écrits*, qu'il faut savoir apprécier et critiquer.

117. La tradition. — La tradition est la *transmission orale des faits ;* elle est surtout importante pour nous conserver le souvenir des *temps anciens où l'on n'écrivait pas.* Les peuples de ces époques reculées précisément parce qu'ils n'avaient pas d'écriture avaient une mémoire très exercée, mais ils avaient aussi une imagination très puissante. Il en résulte que le fond des traditions est en général quelque chose de vrai, conservé par la mémoire, mais que ce fond a été altéré, embelli de façon merveilleuse par l'imagination. Ces traditions primitivement orales se fixent dans les légendes, les poèmes héroïques, les pratiques religieuses et civiles.

L'histoire a pendant longtemps reproduit les traditions sans les discuter ; Tite-Live (*) par exemple reproduit toutes les anciennes légendes sur l'origine de Rome. Puis les traditions furent trop méprisées et trop complètement supprimées par les écrivains postérieurs. Il faut savoir les *critiquer*, dégager les faits exacts, qui sont le noyau de la tradition, des additions et explications merveilleuses. Ce travail est souvent fort difficile, mais la tradition ne nous en apprend pas moins une foule de choses sur les mœurs, usages, civilisation, croyances, sur l'état d'esprit d'une époque ou d'une nation.

118. Les monuments. — On donne ce nom aux objets matériels qui renferment des traces des événements passés : ce sont les *édifices, arcs de triomphe, statues, tombeaux, médailles*, et même les *meubles et ustensiles de la vie domestique* qui nous font connaître la vie et les usages du peuple. Il faut avant tout étudier *l'authenticité* de ces monuments et démontrer quelle est exactement l'époque à laquelle ils appartiennent. Puis il faut étudier leur *sincérité*, car dans les inscriptions et les monuments l'adulation et la politique introduisent souvent des inexactitudes et des mensonges.

119. Les documents écrits. — Ces documents sont rares et douteux pour les périodes reculées de l'histoire, ils sont très nombreux et très importants pour les époques récentes ; « à partir de l'an 1000 et surtout de l'an 1200, disait Daunou (*), il existe des moyens sûrs de constater l'authenticité des *pièces d'archives* ». Depuis le début du 17e siècle les *journaux publics* ou gazettes politiques fournissent beaucoup de renseignements précis sur les grands événements. Il faut y joindre les *registres publics*, les *mémoires personnels*, les *mémoires sur le temps*, et les *compilations des historiens*. Pour ces dernières il faut chercher les sources où les historiens ont puisé leurs renseignements et apprécier la valeur de leurs documents avant d'utiliser leurs récits.

120. La critique historique. — Ces documents écrits doivent être, comme les précédents, très sévèrement discutés au point de vue de leur authenticité et de leur sincérité. Cette discussion forme ce qu'on appelle la *critique historique*. Le style de l'écrivain, des concordances historiques entre ses récits et d'autres récits indépendants, des citations de son ouvrage par des écrivains postérieurs nous renseignent sur le premier point. Des comparaisons entre des récits de plusieurs auteurs, des études sur la vraisemblance des faits et quelquefois une sorte de *sens de la vérité historique* nous permettent de juger le second.

D'ailleurs ce ne sont là, comme on le voit, que les règles de la méthode du témoignage appliquées à ces documents spéciaux qui permettent à l'historien de reconstituer les événements passés.

§ 4. — LA PHILOSOPHIE DE L'HISTOIRE.

121. La philosophie des sciences. — Le mot philosophie n'est pas toujours pris dans le même sens : quand on parle de la *philosophie des sciences* on entend d'ordinaire une étude très générale qui s'élève au-dessus des lois particulières découvertes par chaque science et qui cherche à en faire *une vaste synthèse*. Mais l'histoire étant elle-même une science encore peu avancée, sa philosophie reste aussi plus simple. Quand il s'agit d'études historiques, on appelle philosophie ce qui constituerait simplement une science pour d'autres études.

Les *relations entre les faits*, les uniformités de succession, les explications d'un fait par un autre, les *lois générales* qui permettent de prévoir les événements futurs, voilà l'objet de la philosophie de l'histoire, et l'on peut dire que les historiens sont encore bien loin de s'approcher de ce but.

122. La déduction en histoire. — Peu d'écrivains ont d'ailleurs tenté la recherche de ces *lois de l'histoire*. Quelques-uns formulent ces lois *a priori* et cherchent à les imposer aux faits historiques ; Bossuet (*) par exemple, dans son *Discours sur l'histoire universelle*, explique tous les faits historiques par l'*intervention continuelle de la providence*. Pour lui tous les événements de l'histoire ancienne, la civilisation grecque, la puissance de l'empire Romain, les invasions des barbares n'avaient qu'un seul but, une seule raison d'être, la conservation du petit peuple israélite et l'avènement du christianisme.

123. L'induction en histoire. — D'autres, comme Montesquieu, cherchent à découvrir ces lois par une *méthode vraiment inductive* en étudiant les relations entre les faits. La constitution d'un peuple, dit-il, « doit être *relative* au physique du pays ; au climat glacé, brûlant ou tempéré, à la qualité du terrain, à sa situation, à sa grandeur, au genre de vie des peuples, laboureurs, chasseurs ou pasteurs : elle doit se rapporter au degré de liberté que la constitution peut souffrir ; à la religion des habitants, à leurs inclinations, à leurs richesses, à leur nombre, à leur commerce, à leurs mœurs, à leurs manières. » C'est la méthode de l'induction, et de l'hypothèse transportée dans l'histoire, qui permettra de découvrir les lois de ces phénomènes qui jusqu'à présent sont simplement accumulés par les recherches de l'*érudition*.

124. Le calcul en histoire. — Quelquefois d'autres études ont été désignées sous le nom de philosophie de l'histoire, et l'on s'est borné à déterminer *le degré de certitude* des faits historiques. On a essayé d'exprimer par le calcul les variétés diverses du témoignage et de traduire en formules mathématiques le degré de leur probabilité. Un géomètre anglais, Craig (*), a prétendu prouver que les événements du commencement de l'ère chrétienne cesseront d'être croyables en l'an 3153. Un autre mathématicien, Peterson (*), annonçait l'année 1789 comme le terme où ces événements auraient perdu toute certitude. Sans doute, comme le remarquait Laplace (*), l'*autorité des témoignages diminue avec le temps*. Mais cela n'est vrai que pour la tradition ; les monuments et les écrits gardent toujours leur valeur ; au contraire les progrès de la critique historique augmentent le nombre des documents connus et analysés et *agrandit notre certitude des événements passés*. Ces remarques nous montrent seulement qu'il ne faut pas faire reposer toute certitude sur l'autorité du témoignage, comme on a prétendu le faire dans notre siècle. Un individu ne peut être un témoin de la vérité que s'il est capable de voir et de comprendre. Nous-mêmes nous ne jugeons de la valeur des récits que par nos sens et notre raison. C'est dans la conscience et l'intelligence humaine que se trouve l'origine de toute certitude, et les témoignages ne nous fournissent que des renseignements complémentaires sur les événements disparus.

L'appréciation exacte de cette valeur des témoignages par la raison humaine se joint à l'interprétation des faits, à la recherche de leurs lois pour constituer la philosophie de l'histoire.

CHAPITRE VI

Exposé sommaire des principales hypothèses générales dans les différents ordres de sciences.

125. Les systèmes scientifiques. — L'observation nous montre des faits innombrables et d'une infinie variété, notre intelligence au contraire ne comprend que les idées simples et cherche partout l'*unité*. Déjà la découverte des lois scientifiques a simplifié la multiplicité et la variété des phénomènes, mais ces lois restent encore bien particulières et bien nombreuses. Les lois qui règlent l'apparition des saisons, celles qui règlent la chute des corps ou l'ébullition de l'eau paraissent elles-mêmes distinctes les unes des autres et présentent à l'esprit un nouveau problème. Aussi a-t-on cherché à concevoir *des idées générales encore plus élevées qui puissent réunir dans une même pensée ces lois elles-mêmes*, et ces recherches ont donné naissance aux grands *systèmes scientifiques*.

Sans doute ces systèmes ont un caractère qu'il ne faut jamais oublier, ils sont *très douteux*, ils sont formés par des hypothèses ambitieuses créées par l'imagination plutôt que par l'observation et le raisonnement. Ils présentent toujours de nombreuses imperfections et mille difficultés, mais ils n'en sont pas moins utiles ; ils satisfont notre curiosité, résument les lois particulières et souvent indiquent la direction à suivre dans des recherches nouvelles.

§ 1. — HYPOTHÈSES DANS LES SCIENCES ASTRONOMIQUES.

126. La rotation de la terre. — Les grandes hypothèses ont peu de place dans les sciences mathématiques où tout est soumis à la démonstration et au calcul, mais elles occupent une place importante dans les sciences physico-mathématiques telles que l'*astronomie*. Ces systèmes ont permis d'appliquer les formules mathématiques aux phénomènes que nous présentait l'observation des corps célestes.

Il suffit de rappeler les suppositions destinées à expliquer le *mouvement diurne de la sphère céleste*. Les anciens ne faisaient que traduire les apparences en disant que l'observateur placé sur la terre est immobile au centre du monde et que la sphère céleste tourne autour de l'axe du monde de la gauche à la droite de l'observateur. Ils ajoutaient pour expliquer le mouvement commun de tous les astres que la voûte du ciel était une *sphère solide* sur laquelle les étoiles étaient fichées comme des clous d'or sur une tapisserie. Cette conception arrive à son complet développement dans les écrits de Ptolémée (*) et dans le *système des épicycles*. Pour expliquer le mouvement irrégulier que les planètes paraissaient avoir dans le ciel, on supposait que ces planètes se mouvaient régulièrement sur une orbite circulaire mais que le centre de cette courbe roulait sur la circonférence d'un grand cercle de la sphère céleste.

Ce système était trop compliqué, comme le disait Copernic (*), pour être vrai. Les anciens, comme le montrent les vers dorés de Philolalüs (*), disciple de Pythagore (*), et quelques passages d'Archimède (*) dans *l'arenaire*, avaient déjà exprimé une autre conception beaucoup plus simple. Il suffisait, en effet, pour reproduire toutes les apparences du mouvement diurne d'imaginer que *la terre libre dans l'espace, tourne de droite à gauche* autour de la ligne des pôles ou d'Occident en Orient. Mais cette doctrine resta en quelque sorte oubliée jusqu'au milieu du 16e siècle, où Copernic la fit revivre en lui donnant une précision qu'elle n'avait jamais eue. Le livre de Copernic sur les révolutions célestes parut en 1549, l'année même de la mort de son auteur. Copernic n'eut donc pas à défendre son système contre les attaques dont il fut l'objet ; la gloire de défendre et de propager la vraie doctrine astronomique échut à Galilée.

127. Le mouvement des planètes. — Pour expliquer le *mouvement apparent des astres*, Copernic fit disparaître les subtilités du système des épicycles, et lançant la Terre dans l'espace, il plaça le Soleil au centre du monde. Le Soleil étant supposé immobile, il faut admettre que la Terre tourne autour de lui en décrivant chaque année un cercle précisément égal à celui dans lequel nous croyons le voir entraîné. Les autres planètes décrivent également des cercles autour du Soleil suivant des lois mathématiques déterminées par Kepler (*). Ces grandioses hypothèses furent peu à peu confirmées par tant de faits qu'elles forment aujourd'hui les vérités les plus incontestables de la science.

128. L'attraction universelle. — Newton réussit a s'élever plus haut et à embrasser toutes les lois précédentes, à les réunir avec les lois que la physique avait assignées aux phénomènes de la *pesanteur* pour constituer le système le plus large que l'esprit humain ait pu concevoir. Il réunit et expliqua tous ces faits par l'*hypothèse de la gravitation universelle*, « les choses se passent comme si chaque molécule de matière attirait toutes les autres en raison directe de sa masse et en raison inverse du carré de sa distance à la molécule attirée ».

129. Hypothèse de la nébuleuse primitive, origine du système solaire. — Cette hypothèse fut encore généralisée davantage, au détriment, il est vrai, de sa certitude et appliquée, non seulement aux phénomènes qui existent actuellement dans le *système solaire*, mais à la *naissance même de ce système*. Cette même attraction de toute matière pondérable qui maintient aujourd'hui le cours des planètes, a dû jadis être en état de former le système planétaire avec la matière diffuse et disséminée dans l'espace. Cette hypothèse, proposée par Kant dans son *Histoire universelle de la nature*, 1755, reprise par Herschel (*), a été magnifiquement exposée par Laplace dans son *système du monde* qui lui a donné droit de cité en astronomie.

Le système solaire présente certains caractères réguliers qui ne peuvent être expliqués par le pur hasard. *Tous les astres* qui constituent ce système *ont leur mouvement soit de rotation, soit de révolution dans la même direction* (d'Orient en Occident), ce qui donne, nous dit Arago (*), quarante-trois mouvements coordonnés dans le même sens ; et en outre tous ces astres se trouvent placés à peu près dans le même plan, le plan de l'écliptique. Buffon (*) avait essayé d'expliquer cette constitution par l'hypothèse d'une comète tombée sur le Soleil et dont les morceaux devenus planètes auraient été entraînés par l'attraction solaire. Laplace put expliquer tous ces faits d'une manière plus simple par l'hypothèse de la rotation d'une nébuleuse primitive. « Si l'on remonte par le passé, jusqu'à une époque éloignée de la nôtre par une série considérable de siècles, le monde solaire tout entier ou, plus exactement, toute la matière qui en forme aujourd'hui les divers groupes, existait à l'état purement gazeux ou si l'on veut sous la forme d'une immense nébuleuse, extraordinairement diffuse, ne présentant aucun indice de condensation. La masse entière était douée d'un mouvement de rotation qui entraînait toutes les molécules dans le même sens. A un moment donné, les limites de cette nébulosité dépendaient de la distance à laquelle la force centrifuge due au mouvement de rotation était en équilibre avec la force centrale de la gravitation. Ces limites changeaient elles-mêmes et se rapprochaient nécessairement du centre sous l'influence d'un refroidissement continu qui avait pour conséquence l'abandon d'une zone de vapeur condensée à la distance des limites primitives.

Peu à peu, la nébuleuse dut abandonner ainsi une série de zones de vapeurs de plus en plus rapprochées du centre, les unes et les autres se trouvant à peu près dans le plan de l'équateur général, c'est-à-dire là où, par la vitesse du mouvement de rotation, la force centrifuge était naturellement prépondérante.

Ce sont ces zones qui ont donné naissance aux planètes isolées ou aux groupes de planètes et d'astéroïdes.

Pour qu'il en fût autrement, pour que les zones détachées de la nébuleuse générale eussent conservé la forme d'anneaux concentriques au Soleil, il aurait fallu qu'un équilibre parfait eût continué d'exister entre les diverses molécules composant ces anneaux. Mais c'eût été là, selon l'expression de Laplace, un grand hasard.

Les anneaux se divisèrent, et les débris les plus considérables s'attirant et s'agrégeant, les autres formèrent de nouveaux centres ou noyaux nébuleux. Ce qu'il importe maintenant de remarquer, c'est que chacun d'eux dut être animé de deux mouvements simultanés, l'un de rotation autour de son propre centre, l'autre de translation autour du centre commun. De plus, comme ces deux mouvements n'étaient que la continuation du mouvement antérieur général, leur sens resta le même que celui de la rotation de tout le système ou du noyau solaire.

Les planètes une fois formées, on comprend parfaitement comment ces nébuleuses partielles, semblables à la nébulosité totale, purent donner lieu à la naissance de nouveaux corps gravitant et tournant autour de chacune d'elles : ainsi ont été formés les satellites (1). »

____

(1) J. Pichot, *Traité de cosmographie*, p. 290.

Telle est la grandiose construction par laquelle Laplace, réunissant et dépassant les hypothèses précédentes, essaie de se représenter l'origine de notre système solaire.

§ 2. — Hypothèses générales dans les sciences Physiques.

130. La doctrine de la relativité des sensations. — Lorsque les hommes ont commencé l'étude des phénomènes de la nature, ils ont naturellement accepté tout d'abord le témoignage de leurs sens et ils ont cru que *le son, la chaleur, la lumière existaient dans la réalité tels qu'ils les percevaient.* Les premiers philosophes grecs admettaient autant de principes, d'éléments qu'ils voyaient de phénomènes, et les forces occultes dont parlait le moyen âge n'étaient que l'expression des puissances mystérieuses qui se dissimulaient sous les qualités sensibles. Cependant bien des faits avaient été observés dès l'antiquité qui faisaient naître *des doutes sur la réalité extérieure de nos sensations. Les rêves* nous présentent pendant le sommeil des images absolument semblables à celles que nous voyons pendant la veille et elles n'ont cependant aucune réalité. Même pendant la veille nous pouvons constater *des erreurs de nos sens,* c'est-à-dire que bien souvent nous sommes surpris de voir les affirmations d'un sens contredites par celles d'un autre ; le bâton plongé dans l'eau que les yeux nous montrent courbé est senti droit par la main, l'eau tiède qu'une de mes mains trouve froide semble chaude à l'autre main. Enfin la plupart de ces faits peuvent être résumés dans ces deux remarques dues aux physiciens et aux physiologistes. *Une même action extérieure,* un choc par exemple, ou un courant électrique *appliqué sur chacun de nos sens, fera naître en nous* non pas une seule et même sensation, comme cela devrait être pour exprimer un objet unique, mais *autant de sensations différentes que de sens impressionnés,* des sons dans l'oreille, des contacts pour la peau, des lumières pour l'œil, etc. Inversement, *les causes les plus diverses,* un choc, une substance chimique, un courant électrique, etc., *appliquées sur un même sens,* l'œil, par exemple, *ne feront pas naître des sensations différentes, mais toujours la même,* la couleur. Les sensations ne dépendent donc pas des objets, mais de nos sens ; elles ne sont pas la réalité extérieure, mais *des modes de réaction de nos organes* aux impressions extérieures.

131. La théorie du mécanisme. — Comment se représenter alors cette réalité extérieure qui ne se confond plus avec nos sensations ? Le *son* fut analysé tout d'abord, et les anciens eux-mêmes, comme le montrent les études de Pythagore sur la longueur des cordes sonores, avaient remarqué des mouvements qui se produisaient dans les objets au moment où notre oreille entendait un son. Plus tard on a démontré rigoureusement que *des mouvements vibratoires* transmis par l'air constituent la *réalité extérieure de ce qui nous paraît être un son musical.*

La même constatation fut faite plus tard pour la *chaleur.* Bacon disait déjà au 17e siècle « *calor est motus expansivus cohibitus et nitens per partes minores,* la chaleur est un mouvement retenu dans les parties les plus petites des corps ». Les travaux de Carnot (*), de Rumford (*), la découverte par Joule (*) de *l'équivalent mécanique de la chaleur* confirment cette supposition que *la chaleur n'est en réalité qu'une espèce de mouvement.*

Descartes concevait également la *lumière* comme un mouvement dont il étudia les lois. Ce mouvement fut conçu de deux manières différentes. Newton soutenait *l'hypothèse de l'émission,* déjà exprimée autrefois par les disciples d'Épicure (*) et au 17e siècle par Gassendi (*). La *lumière est une émanation réelle du corps lumineux,* le Soleil lance continuellement autour de lui des rayons de sa propre substance qui s'étendent jusqu'aux extrémités de la sphère céleste. Huyghens (*), au contraire, soutenait que ce mouvement était une *ondulation,* c'est-à-dire un mouvement *vibratoire* d'une matière subtile partout répandue et appelée éther, se propageant avec une extrême rapidité mais *sans aucun transport de matière* dans le sens où s'exerce le rayonnement.

Les expériences de Thomas Young (*) sur le phénomène des *interférences,* les études de Fresnel (*), d'Arago, de Foucault (*) sur la *lumière polarisée* vinrent confirmer l'hypothèse de Huyghens.

En un mot les physiciens renoncèrent à considérer nos *sensations* comme absolument réelles au dehors de nous, ils *les remplacèrent toutes par des phénomènes de mouvement,* et ils expliquèrent toutes les propriétés apparentes de nos sensations par les lois de ces mouvements.

132. L'unité des forces physiques. — Cette conception du monde physique présente un grand avantage. Les sens nous montraient des phénomènes très complexes et absolument différents les uns des autres. Quelle comparaison pourrait-on établir entre le son et la lumière, la lumière et la chaleur ? *Le mécanisme a remplacé toutes ces apparences hétérogènes par un seul et unique phénomène, le mouvement.* Ce ne sont que des aspects différents, des transformations de ce mouvement qui expliquent toute la nature. Les hypothèses de Maxwell (*), confirmées par les dernières recherches des physiciens, montrent comment *les différents mouvements de l'éther peuvent produire les apparences* de la chaleur, de la lumière ou du courant électrique. « Donnez-moi de l'étendue et du mouvement, disait Descartes prévoyant ces théories, et je vais faire le monde. »

Un autre grand avantage de cette conception c'est qu'elle permet *de mesurer et de calculer tous les phénomènes* ; le mouvement qui s'opère dans le temps et dans l'espace est parfaitement mesurable, tandis que les phénomènes sensibles considérés en eux-mêmes l'étaient difficilement. En outre les mesures des différents mouvements sont comparables entre elles, tandis que les sensations différentes ne l'étaient pas. En ramenant *tous les phénomènes* de l'univers au mouvement, on les a pour ainsi dire *exprimés tous dans une même langue* ; on les a réduits au même dénominateur, ce qui permet de les comparer et de trouver leurs lois.

133. Difficultés du mécanisme universel. — Ce grand principe du mécanisme n'est pas sans présenter de grandes difficultés : d'abord *il ne peut* aucunement *s'appliquer aux phénomènes moraux*, qui restent inexplicables et irréductibles aux autres phénomènes du monde. Même parmi les faits du monde physique il en est qui ne peuvent que difficilement être expliqués par le mécanisme. Malgré quelques tentatives de Newton lui-même, *l'attraction ne s'explique guère mécaniquement* et reste peut-être le type des actions à distance. Enfin il ne faut pas oublier que cette doctrine n'est qu'une *représentation symbolique des faits* et ne nous apprend pas la véritable nature des choses.

134. Unité de la matière. — Non seulement la science a simplifié les phénomènes du monde, mais elle a cherché aussi à simplifier les idées que nous nous faisons sur les corps qui remplissent l'univers. *Les corps semblent en apparence* *très nombreux* et très différents et les philosophes de l'antiquité cherchaient déjà à en réduire le nombre en les ramenant les uns aux autres. Thalès (*), par exemple, ne disait-il pas que tous les corps sont composés d'un principe unique qui est l'eau, parce que l'eau peut prendre les trois formes des corps, la forme solide, liquide et gazeuse. Un effort très intéressant dans ce sens fut fait par l'école atomiste représentée d'abord par Leucippe (*) et Démocrite (*), puis par Épicure et le poète latin Lucrèce (*). Les qualités apparentes des corps ne sont que des illusions, la réalité n'est composée que par *des atomes* et par *le vide. Les atomes sont des petits corps absolument indivisibles* (à, privatif, τέμνω, couper) *qui, par leurs diverses combinaisons, forment tous les corps et toutes les apparences.* Il est vrai que les Épicuriens admettaient des formes diverses d'atomes ronds ou crochus et par conséquent ne réduisaient pas les corps à l'unité véritable. Les *alchimistes* (*) du moyen âge avaient *la notion de cette unité de la matière* quand ils cherchaient à changer du plomb en or, à transmuter les métaux les uns dans les autres en changeant les qualités superficielles d'une substance partout identique.

Mais la chimie moderne, sous l'inspiration de Lavoisier (*), analysa les corps avec plus de précision en se fondant sur le principe de *l'immutabilité de la masse.* Les expériences ont fait connaître plus de *soixante corps* que nous appelons *simples* parce qu'ils sont *absolument indécomposables* par tous les procédés dont nous disposons, mais avec lesquels nous pouvons au contraire reconstruire par synthèse tous les autres corps composés.

Bien des raisons poussent les chimistes à ne pas considérer ce résultat comme définitif, et la conception de l'unité de la matière reste encore une des grandes idées directrices dés recherches scientifiques.

135. Conservation de la matière et de la force. — Quelles que soient les conceptions sur la nature de la matière et de la force, un principe fondamental des sciences physiques, c'est la croyance à leur *immutabilité. Ce qui est invariable dans la matière c'est la masse,* et la masse des composés est toujours égale à la somme des masses des composants. Il en est de même pour les énergies naturelles. Le mouvement qui disparaît se transforme en chaleur, la chaleur qui disparait se transforme en mouvement, mais *rien ne se perd et rien ne se crée* dans l'univers.

136. Du mécanisme universel. — On peut dire que c'est là la dernière conclusion des sciences physiques. Les savants « croient à la science, » c'est-à-dire qu'ils sont convaincus qu'*aucun phénomène n'est sans cause*. Ils affirment même sans la voir toujours, *la détermination des phénomènes, les uns par les autres*. Aucun fait ne peut être présent, absent ou modifié sans que d'autres phénomènes n'en ressentent le contre-coup. Tout s'entretient dans l'univers et le plus petit changement a sa cause dans tous les autres phénomènes précédents et son effet dans tous les phénomènes suivants. « Une intelligence, disait Dubois-Reymond (*) d'après Laplace, qui, pour un très court moment donné, connaîtrait la position et le mouvement des atomes de l'univers, devrait être en état d'après les règles de la mécanique d'en déduire aussi tout l'avenir et tout le passé. Un tel génie pourrait par une discussion convenable de sa formule du monde nous dire qui était le masque de Fer ou comment sombra le Président. De même que l'astronome prédit le jour où, après de longues années, une comète revenue des profondeurs de l'univers doit reparaître à la voûte céleste, de même ce génie lirait dans ses équations le jour où la croix grecque brillera de nouveau sur la mosquée de Sainte-Sophie, le jour où l'Angleterre brûlera son dernier morceau de houille. »

C'est la conception du déterminisme universel qui permet de mettre de l'ordre dans tous les phénomènes du monde physique, qui nous permet de les comprendre et de nous en servir.

§ 3. — Hypothèses dans les sciences Biologiques.

137. La nature de la vie. — Les êtres vivants sont plus complexes et moins connus que les corps bruts; dans les sciences qui traitent de ces êtres les hypothèses générales sont peu nombreuses et encore bien vagues.

Le grand problème de ces études c'est la nature de la vie, non pas que l'on veuille découvrir le principe même et l'essence de la vie mais simplement parce que l'on voudrait *résumer dans une même idée générale les innombrables phénomènes qui caractérisent les êtres vivants*.

138. L'organisation des corps vivants. — Les fonctions vitales dépendent évidemment de la nature de nos organes ; aussi le problème principal de la vie consiste-t-il à comprendre la *construction de l'organisme*, l'organisation du corps vivant.

Le corps vivant est composé de parties très nombreuses en relation les unes avec les autres, en correspondance étroite de telle façon que *chaque partie serve à l'autre et utilise cette autre à son tour*. Si les poumons sont nécessaires au fonctionnement du cœur et du cerveau, le cœur et le cerveau ne sont pas moins indispensables au fonctionnement des poumons. « Tout être vivant, dit Cuvier (*), forme un système clos dont les parties se correspondent mutuellement et concourent à la même action définitive par une réaction réciproque. » On peut donner comme exemple l'application de cette loi à l'organisation des animaux carnivores : « Si les intestins d'un animal sont organisés de manière à digérer de la chair et de la chair récente, il faut aussi que ses mâchoires soient construites pour dévorer une proie, ses griffes pour la saisir et la déchirer, ses dents pour la couper et la diviser, le système entier de ses organes de mouvement pour la poursuivre et pour l'atteindre, ses organes des sens pour l'apercevoir de loin ; il faut même que la nature ait placé dans son cerveau l'instinct nécessaire pour savoir se cacher et tendre des pièges à ses victimes. Telles sont les conditions générales du régime carnivore ; tout animal destiné à ce régime les réunira infailliblement, car sa race n'aurait pu subsister sans cela. » C'est cette loi que l'on a appelée *loi des corrélations organiques*, loi exclusivement propre aux êtres vivants. Cette corrélation se manifeste de mille manières, dans *l'accord des organes avec leur fonction*, dans *l'accord des organes entre eux*, dans *l'accord des organes avec le milieu*, dans *l'évolution même des êtres*, car des organes se préparent dans la jeunesse ou même dans la vie embryologique de l'être qui sont en accord avec des phénomènes ultérieurs qui ne se produisent que chez l'être adulte plusieurs années plus tard. Cette organisation ne se manifeste pas seulement dans la construction première de l'être vivant, mais dans sa *nutrition* qui reconstruit l'être à chaque instant de sa vie, dans la *guérison des maladies*, dans la *cicatrisation des plaies*, dans *la restauration des organes*, qui maintiennent autant que possible dans son intégrité le plan primitif. En un mot, il y a, comme disait Claude Bernard, *un plan, une idée directrice dans l'organisation de l'être vivant.*

139. Théorie du mécanisme vital. — La doctrine de l'atomisme et du mécanisme a essayé d'expliquer les phénomènes physiologiques comme les faits physico-chimiques ; *elle veut rendre compte de la vie* par les *propriétés connues de la matière* en général et *par les lois du mouvement.* Les découvertes de la physiologie qui expliquent la marche et le vol par les lois de la mécanique, la circulation du sang par la physique et les lois de l'hydraulique, la respiration et la digestion par la chimie semblaient donner raison à cette conception générale, mais le grand caractère de la physiologie c'est qu'elle étudie le *fonctionnement des organes, quand les organes sont déjà formés* ; elle suppose le corps vivant constitué et constate les résultats de cette construction antérieure.

Comment le mécanisme simple et brutal peut-il rendre compte de ce *plan* qui préside à la construction de l'être vivant ? On ne peut dire que cette harmonie vient du simple rapprochement des parties, la contiguïté n'est pas l'accord. On en est réduit à considérer cette *disposition de l'organisme comme un fait de hasard* ; c'est par une *rencontre fortuite d'atomes* que se forme un œil qui sera merveilleusement adapté à la lumière. C'est là un refus d'explication qui peut être dangereux, car si on admet le hasard pour des phénomènes aussi complexes, on pourra l'introduire aussi pour expliquer les coïncidences plus simples qui nous ont conduits à découvrir les lois physiques, et toute science perdrait sa valeur.

140. Les hypothèses dynamistes de la vie. — D'autres hypothèses ont cherché à expliquer cette idée directrice, cette conception de la fin, cette finalité qui caractérise l'être vivant. Le but, la fin qui n'est pas encore réalisée, ne peut avoir d'action sur les phénomènes présents que s'il est représenté par une pensée, et on a admis une force, *une pensée,* une âme qui *dirigeait l'organisation du corps.* Le *vitalisme* admet que c'est une *âme vitale* spécialement chargée de régler les fonctions organiques et qu'elle est distincte de l'âme qui préside à nos pensées conscientes ; *l'animisme* réunit ces deux âmes et pense que l'esprit humain organise et dirige le corps comme il dirige nos raisonnements et nos pensées. Une doctrine intéressante, l'*animisme polyzoïste*, subdivise au contraire cette âme vitale et considère le *corps vivant* comme une *colonie de forces simples*, de monades ayant chacune leur énergie, leur vie et leur conscience rudimentaire. L'effort de toutes ces consciences inférieures produirait l'harmonie et l'intelligence de l'ensemble.

141. Le transformisme. — Une autre grande hypothèse a apporté aussi quelques éléments pour la solution du problème de l'organisation des êtres vivants. Non seulement les animaux ont une organisation merveilleuse, mais ces organismes sont variés et l'on constate l'existence *d'espèces animales distinctes*. Comment expliquer la formation de ces divers types spécifiques tous si bien adaptés à leurs fonctions et à leur milieu ? Cuvier croyait encore que les espèces sont restées immuables et que ces organismes distincts existaient dès le début de la vie sur la terre. Buffon supposa que peut-être les espèces qui ne varient plus maintenant ont *varié autrefois* et qu'ainsi les plus voisines peuvent provenir d'une source commune modifiée par des causes accidentelles. Lamarck, un grand naturaliste français, *applique aux êtres vivants la notion de continuité et de progrès*. Pour expliquer l'existence de races animales différentes et en même temps pour rendre compte des *appropriations organiques*, il suppose que *les animaux* ont changé peu à peu et *se sont harmonieusement développés sous différentes influences*, dont les principales sont : *l'action du milieu*, *l'habitude* et le *besoin*.

Cette théorie passa en Angleterre où Darwin, qui la développa et la fit comprendre, lui donna sa célébrité et son nom, le *darwinisme*. Il avait été frappé des modifications considérables que l'homme pouvait faire subir aux animaux par *l'élevage*. Les éleveurs y parviennent par un procédé bien simple qui consiste à *régler les accouplements* et à réunir les animaux qui possèdent au plus haut degré la qualité demandée ; c'est la *sélection artificielle*. Ce que fait l'homme artificiellement, la nature le fait aussi et il y a une *sélection naturelle* par laquelle les caractères avantageux des êtres sont choisis et conservés. Mais comment se fait ce choix dans la nature ? Comment les animaux présentant par hasard un caractère utile sont-ils choisis et accouplés ensemble ?

142. La lutte pour la vie. — Ce choix est fait naturellement et mécaniquement par l'application d'une loi naturelle dont la démonstration est le principal titre de gloire de Darwin ; c'est *la loi de la concurrence vitale* ou de *la lutte pour la vie*. Les qualités possédées par un animal, de quelque façon qu'il les ait obtenues, ne sont pas inutiles et indifférentes : elles servent à l'animal, elles lui apportent une force de plus et lui permettent plutôt qu'aux autres de subsister et de propager sa race avec sa qualité propre conservée et augmentée. Figurez-vous, dit Darwin, des chevreuils dans un bois rempli de loups et de carnassiers ; ils ne devront leur vie qu'à la rapidité de leur course. Qu'il en naisse un plus lent, il sera aussitôt dévoré et ne propagera pas sa race ; qu'il en naisse un plus rapide, il a plus de chances de subsister, il vivra plus longtemps, aura une plus nombreuse postérité, qui possédera la vitesse encore à un plus haut degré. C'est ainsi que peu à peu cette race de chevreuils s'adaptera au milieu où elle doit vivre. Or les animaux ont ainsi à *lutter contre le climat, contre la disette, contre la soif, contre les ennemis* de toute sorte. Le climat d'un pays, par exemple, devient-il plus froid, les animaux à fourrure plus épaisse vont être choisis, les autres éliminés. La *sélection naturelle* s'ajoutera aux autres influences qui modifient les animaux, *le milieu, l'hérédité, les lois de corrélation organique*, et pourra expliquer la constitution des espèces différentes.

Sans doute cette explication est loin d'être complète, ces principes expliquent la conservation des qualités utiles plus que leur production. Elle suppose toujours une intelligence qui cherche le meilleur et qui tend à la conservation de la vie.

§ 4. — Hypothèses dans les Sciences morales.

143. Théories philosophiques. — Peu d'hypothèses vraiment scientifiques ont essayé de résumer et d'expliquer les faits de l'ordre moral. Les grandes constructions philosophiques sur le *principe de la pensée* et la *nature de l'âme* appartiennent plus à la métaphysique qu'à la science. Les grandes hypothèses qui prétendent expliquer tous les faits de l'histoire, comme celles de Bossuet (*), de Vico (*), de Herder (*), de Hégel, n'ont pas pris une grande importance. Nous signalerons seulement la grande théorie de *l'évolution* *universelle* et ses applications aux faits moraux et les hypothèses sur le progrès universel.

144. La théorie de l'évolution. — Herbert Spencer reprit en partie les idées déjà exposées par Leibniz et par Hégel et les théories de Darwin pour les *généraliser et les appliquer à l'univers tout entier.* Ce ne sont pas seulement les organismes vivants qui se forment peu à peu par un progrès lent, mais tous les êtres du monde, êtres matériels ou spirituels se transforment d'après la même loi.

Au début, tout commence par un *état rudimentaire* qui est caractérisé par la *simplicité*, l'*homogénéité*. La nébuleuse primitive dont parlait Laplace est identique dans toutes ses parties, elle est homogène. Les germes des animaux et des plantes, leurs ovules sont également simples. Il en est de même pour les esprits à leur début et même pour les nations. Un peuple primitif est composé d'individus qui sont tous semblables, qui tous font tous les métiers, à la fois soldats, laboureurs, ouvriers ; la peuplade est homogène.

Mais cet état ne dure pas, tout se complique peu à peu ; c'est là la première loi de l'évolution, la loi de l'*instabilité de tout ce qui est homogène.* Le monde solaire avec ses astres divers et leurs satellites est plus complexe que la nébuleuse de Laplace, il renferme des parties différentes les unes des autres, *hétérogènes.* Les animaux adultes sont compliqués et formés de parties distinctes ; il en est de même des peuples plus avancés dans la civilisation. Un individu ne remplit plus à la fois tous les métiers, il est *spécialisé*, il est ouvrier, ou laboureur, ou soldat ; tous les hommes d'un état ne sont donc plus identiques les uns aux autres. Nous voyons partout, même dans l'histoire, les applications de la deuxième loi, *le passage de l'homogène à l'hétérogène.*

Ce changement ne se fait pas au hasard, la complication pure et simple n'amènerait que le désordre, et les êtres chez qui le changement se ferait de cette manière ne pourraient subsister. Par la *loi de la multiplication des effets* et surtout par la *loi de la ségrégation*, les êtres se transforment d'une façon régulière et harmonieuse. L'unité grandit en même temps que la complexité. Ces parties si différentes se subordonnent les unes aux autres, l'unité est rétablie par la hiérarchie, c'est *la loi de l'intégration.* Les êtres continueront à se développer suivant ces lois jusqu'à ce qu'ils se résolvent de nouveau en éléments simples suivant la *loi de dissolution*.

145. Importance de la théorie de l'évolution. — Ces hypothèses ont été appliquées à beaucoup de faits en apparence bien différents les uns des autres. *La morale* des hommes s'est formée peu à peu, elle n'est qu'un cas de la conduite universelle. Les hommes vivant nécessairement en société ont dû prendre certaines habitudes sans lesquelles l'état social était impossible. Ces habitudes, transmises par l'hérédité, ont semblé mystérieuses, et les hommes, oubliant leur origine, les ont prises pour des ordres du ciel, des impératifs catégoriques et absolus. *Les langages, les grammaires* s'expliquent de même par une évolution qui a peu à peu transformé les mots en les compliquant et en les disciplinant. Enfin l'hypothèse de l'évolution a été appliquée à l'explication des *sociétés*, des *gouvernements*, des principaux faits *de l'histoire*.

146. La théorie du progrès. — Une autre hypothèse voisine de celle-ci a été surtout développée par *les philosophes français du 18ᵉ siècle*, Turgot (*) et Condorcet (*) (esquisse d'un tableau historique des progrès de l'esprit humain). Ces auteurs, avec une noble confiance, croient à la *perfectibilité indéfinie de l'espèce humaine*. D'après l'étude des *progrès* accomplis dans le passé, ils croient pouvoir prévoir ceux qui seront réalisés dans l'avenir. Condorcet ramène à trois points principaux les progrès qu'il espère pour l'espèce humaine : 1º la *destruction de l'inégalité entre les nations* ; 2º les *progrès de l'égalité dans un même peuple* ; 3º le *perfectionnement réel de l'homme*, dans sa vie physique qui sera plus longue et plus heureuse, dans son intelligence et dans sa conduite morale.

Sans doute ces théories semblent un peu enthousiastes, le progrès n'a pas toujours été aussi continu dans le passé et bien des périodes d'arrêt et même de terrible décadence ont arrêté l'évolution de l'humanité ; il est même dangereux de toujours attendre le progrès, car on méprise trop le présent et l'on cherche trop à le détruire ; enfin il ne faut pas attendre le progrès d'une loi naturelle et inévitable, il faut savoir que les progrès réels ne sont obtenus que par les efforts des hommes. Mais la croyance à la possibilité de ce progrès indéfini n'en est pas moins nécessaire pour encourager nos efforts et elle est la plus belle conclusion des sciences morales.

DEUXIÈME PARTIE

ÉLÉMENTS DE PHILOSOPHIE MORALE

CHAPITRE I.

Les faits de l'ordre moral, leurs caractères propres ; la liberté, la responsabilité, la personnalité morale.

§ 1. — OBJET ET MÉTHODE DE LA MORALE.

147. Objet de la morale. — La morale est la *science des mœurs*, ainsi que l'indique son étymologie latine et grecque (morale, de *mores*, mœurs ; éthique, de ἔθος, mœurs). On désigne sous le nom de *mœurs*, non seulement l'*ensemble des actions* des hommes, mais encore les *opinions* qu'ils ont à propos de ces actions. *La morale étudie donc les actes humains et les idées qui ont rapport à ces actes.*

148. Les faits moraux. — Ces phénomènes sont fort nombreux et se rencontrent dans bien des études, dans l'histoire, dans la législation, dans la religion, dans la littérature ; ce qui caractérise la morale, c'est qu'elle examine ces mêmes faits en se plaçant à un point de vue particulier. Un littérateur, en effet, comme Théophraste ou La Bruyère, se borne à placer sous nos yeux le tableau fidèle et vivant des mœurs et des caractères d'une époque. Le psychologue, qui s'occupe aussi des actions humaines, se borne également à les constater et à les décrire ; il les étudie seulement d'une manière plus générale et plus scientifique que ne fait le littérateur. Le moraliste fait plus, après avoir décrit les actions des hommes, il les *juge* et les *critique*, il les étudie à un point de vue spécial, *au point de vue de leur valeur.*

Parmi les idées relatives à nos actions, les principales sont des *appréciations de ces actes.* Les actes nous semblent bons ou mauvais, les uns sont recherchés, les autres sont évités ; ce sont ces appréciations, ces conseils et ces défenses que la morale recueille et étudie. Elle cherche à *interpréter ces différentes appréciations* sur la conduite, à les *critiquer* les unes par les autres et surtout *à les réunir.* Comme toutes les sciences, la morale fait ainsi œuvre de synthèse ; elle explique les faits en les réunissant dans une même conception générale qui sera ici le principe de toute appréciation morale, *le principe du bien.*

149. Méthode de la morale. — Il résulte de ces remarques que la morale se présente dans son ensemble comme une science inductive. Elle part de l'observation, qui, il est vrai, est ici en grande partie *une observation interne* de nos propres idées : mais on a vu la légitimité de semblables observations dans un grand nombre de sciences. Elle cherche à comparer les faits entre eux, à remonter à leurs conditions, à leurs principes comme font les diverses sciences de la nature et de l'esprit.

Une méthode entièrement déductive n'est possible que dans les morales religieuses qui possèdent des principes généraux donnés d'une manière absolue par les dogmes religieux et qui se bornent à en déduire les devoirs particuliers comme des corollaires. Mais une morale *indépendante,* c'est-à-dire une *morale scientifique* sans parti pris ni religieux, ni philosophique ne saurait imposer *a priori* de principe général qui ne serait qu'une opinion toute individuelle ; elle doit nécessairement *monter à ces principes généraux en partant de l'observation des idées morales,* soit en nous-mêmes, soit chez les autres, c'est-à-dire qu'elle doit être *inductive.*

150. Applications pratiques de la morale. — Mais la morale n'est pas seulement une science, elle est encore en grande partie un *art pratique.* En effet, elle peut nous rendre de grands services :

1° Elle *écarte les sophismes* de l'esprit qui dans une circonstance particulière pourraient nous empêcher de comprendre les principes généraux de la conduite humaine ;

2° L'étude réfléchie des principes de la morale les fait pénétrer plus avant dans l'esprit et leur donne *une plus grande fixité.*

3° La morale ne consiste pas seulement dans les actions elles-mêmes, mais surtout dans *les motifs de nos actions* ; il faut que la moralité soit accompagnée de conscience et de réflexion, à ce titre la science morale est un élément nécessaire de l'action morale elle-même.

4° Dans bien des circonstances, comme le disait Guizot (*), il est plus difficile de connaître son devoir que de le faire. Ces *devoirs particuliers* nous sont *expliqués* par l'étude réfléchie des idées morales.

5° Enfin les idées morales ne sont pas des faits physiques immuables que l'étude scientifique ne modifie pas ; *les idées morales* sont l'objet étudié par la science morale et sont aussi *transformées* par elle. Bien des notions de morale aujourd'hui vulgaires, comme les idées de fraternité, de charité, de liberté, de tolérance ont été autrefois conçues et pour ainsi dire *inventées* par des philosophes qui les trouvaient contenues dans les principes de leur science morale.

Ainsi entendue comme *art de bien vivre* et *art de vivre heureux*, la morale n'a plus la même méthode. Elle doit alors appliquer à la vie pratique les principes généraux conçus à propos des faits moraux, c'est-à-dire qu'elle doit en tirer les conséquences ; elle devient à ce point de vue une *étude déductive*.

151. Division de la morale. — Il y aura donc *trois parties* dans une morale complète : 1° *l'observation des phénomènes moraux*, c'est-à-dire des actes et des appréciations sur les actes soit en nous-mêmes, soit chez les autres hommes. C'est une *partie descriptive* qui touche à la psychologie et à l'histoire et qui emprunte les méthodes de l'une et de l'autre. 2° Une partie théorique qui cherche le *principe général de ces différents faits*, par le *raisonnement*, l'analyse et même l'hypothèse. 3° Une partie *pratique* qui *applique* les principes et en tire par déduction les devoirs particuliers.

§ 2. LES FAITS DE L'ORDRE MORAL.
L'INTELLIGENCE AU POINT DE VUE MORAL.

152. La conscience morale. — L'intelligence a déjà été étudiée dans son rôle scientifique, il reste à voir la part qu'elle prend dans la conduite morale de l'homme. Les phénomènes les plus élémentaires de l'intelligence, sensations, association des images, mémoire, etc., interviennent sans aucun doute dans nos actions comme dans toutes les fonctions de l'esprit, mais ils n'y jouent pas un rôle spécial. Ce sont des phénomènes plus élevés, comme *les jugements*, qui jouent en morale le rôle le plus important.

On donne le nom de *conscience morale* à cette *appréciation* que nous faisons des actions humaines. La conscience morale n'est pas identique à la *conscience psychologique*; celle-ci n'est qu'une *simple constatation des faits*, celle-là est un *jugement que nous portons sur les faits*, jugement par lequel nous apprécions leur *valeur*. Tantôt ce jugement porte sur nos propres actions, tantôt sur celles d'autrui, mais dans les deux cas il est le même et nous montre que ces actions sont plus ou moins *bonnes* ou *méprisables*. Quand ce jugement précède l'action, il ne se borne pas à nous la présenter comme bonne, il nous *commande de l'accomplir*; s'il la représente comme mauvaise, il en *interdit l'exécution* : c'est la *conscience antécédente*. Après l'action, la conscience *approuve* ou *désapprouve*, en d'autres termes elle juge ce qui a été fait, c'est la *conscience subséquente*. Elle est donc, comme le dit J.-J. Rousseau dans une apostrophe célèbre, le *guide de notre conduite*. « Conscience, conscience, instinct divin, immortelle et céleste voix ; guide assuré d'un être ignorant et borné, mais intelligent et libre ; juge infaillible du bien et du mal, qui rends l'homme semblable à Dieu ! C'est toi qui fais l'excellence de sa nature et la moralité de ses actions ; sans toi je ne sens rien en moi qui m'élève au-dessus des bêtes, que le triste privilège de m'égarer d'erreur en erreur à l'aide d'un entendement sans règle et d'une raison sans principe. »

Ce guide peut être plus ou moins éclairé et c'est pourquoi on distingue *plusieurs degrés de la conscience morale*. Elle peut être *droite ou éclairée* quand elle porte des jugements justes et nets, *erronée* quand par suite de différents sophismes elle prend le mal pour le bien, *ignorante* quand elle ne formule aucun jugement sur une action, *douteuse* ou *perplexe* quand elle hésite et ne peut nous indiquer exactement quel est le meilleur parti à prendre. Quel que soit son degré de clarté et de précision, nous ne pouvons la remplacer par un meilleur guide. Les réflexions, les conseils d'autrui peuvent nous préparer à mieux juger, mais en définitive, notre conscience a toujours le dernier mot et nous ne pouvons faire que ce que nous croyons devoir faire.

153. L'idée du bien. — Ces jugements de la conscience

sont le point de départ de certaines idées fort importantes. La notion du *bien moral* est l'expression la plus simple de ces appréciations, c'est l'idée de la valeur de nos actes et de notre personne, du degré de perfection acquise. Mais par une abstraction plus élevée nous concevons *le bien en soi*, le bien absolu, c'est-à-dire une *perfection parfaite* que nous n'avons pas, mais qu'il est ordonné d'acquérir, *l'idéal* à poursuivre, le but vers lequel nous tendons.

154. **L'idée du devoir.** — Les ordres et les défenses de la conscience, résultats naturels de ses appréciations, donnent naissance à l'idée de *devoir ou d'obligation*. Le bien que conçoit la conscience n'est pas conçu toujours d'une manière abstraite, il se présente comme *notre bien*, celui que nous devons acquérir et posséder, par conséquent il devient pour nous le devoir et son expression devient *la loi morale*.

155. **Caractères de la loi morale. — L'obligation.** — Cette loi présente des caractères qui la distinguent des lois qui ont déjà été constatées dans les sciences. Son premier et son plus important caractère, c'est qu'elle est *obligatoire*. Le devoir, comme toute loi, renferme une certaine nécessité déterminante ; la loi morale n'est pas pour nous une lettre morte qui n'influe aucunement sur notre conduite ; elle la détermine dans une certaine mesure, et d'une manière générale on peut dire que les actions des hommes sont, grâce à elle, différentes de ce qu'elles seraient si la loi morale n'existait pas. Mais cette détermination que nous reconnaissons, est-elle complète comme celle qui caractérise les lois physiques ? En aucune façon, puisque nous savons par expérience que les hommes ne sont pas toujours moraux, que le passé de l'humanité est rempli de fautes. Bien plus, un acte humain, si parfait qu'il soit, n'est jamais qu'une expression imparfaite de la loi, qui n'est pas, comme les lois physiques, contenue dans les faits. *L'obligation morale est donc une détermination incomplète* qui nous incline, mais *ne nous contraint pas à l'exécution d'un acte.* Pour la comprendre, supposons d'abord une seule force qui agisse sur un événement, cet événement sera nécessairement déterminé par elle et pourra être prévu avec précision ; si au contraire un très grand nombre d'autres forces mêlent leur action à celle de cette force connue, l'événement sera une résultante qu'il est difficile de prévoir. Il en est de même pour la loi morale :

si cette loi était seule à diriger la volonté des hommes, elle serait rigoureusement exécutée ; mais la volonté est aussi soumise à bien d'autres influences, comme celles des désirs et des passions et la loi morale n'est pas nécessairement obéie. « Le devoir, l'impératif, dit Kant, désigne ainsi le rapport d'une loi objective de la raison à une volonté qui, à cause de sa nature subjective, n'est pas nécessairement déterminée par cette loi. Il y a obligation et impératif lorsque les actions reconnues objectivement nécessaires sont subjectivement contingentes. »

156. Caractère absolu de l'obligation morale. — Le deuxième caractère du devoir, c'est qu'il est *absolu*, c'est-à-dire qu'il est *indépendant*, qu'il se sufût à lui-même, qu'il n'est relatif à rien. Le devoir doit être recherché pour lui-même ; il doit être, comme dit Kant, *une fin en soi*, c'est-à-dire ne supposant pas au-delà d'elle-même une autre fin pour laquelle elle servirait de moyen. L'argent, par exemple, n'est pas une *fin* dernière et absolue, car il n'est qu'un *moyen* pour se procurer certains biens ; la loi morale au contraire doit être le dernier terme de notre activité.

Il y a, dit Kant, pour exprimer la même pensée deux espèces d'ordres ou *d'impératifs*. Les impératifs que formule l'hygiène ou l'économie politique « faites ceci si vous voulez conserver la santé, ou faites ceci, si vous voulez vous enrichir » sont *conditionnels*, puisqu'ils sont restreints par une condition, et *hypothétiques*, puisqu'ils peuvent ne pas être exécutés par un homme qui supprimerait la condition en renonçant à la santé et à la fortune. Ce sont des *impératifs de l'habileté* et de la prudence. Voici maintenant un autre impératif « Sois juste, ne mens pas. » Il n'est soumis à aucune condition que l'on puisse supprimer pour s'affranchir de l'ordre donné, il est *absolu* ou *catégorique*. Le caractère des devoirs est en fait celui-là, nous constatons par l'observation de nous-mêmes et par celle des autres hommes que le devoir se présente de cette manière absolue. « Fais ce que dois, disent les maximes populaires, advienne que pourra ; fais ton devoir et laisse faire aux Dieux. » Une action perdrait sa valeur, si elle était faite pour quelque motif intéressé ; elle pourrait encore être *légale* dit Kant, c'est-à-dire en fait conforme à la loi, mais elle ne serait pas *morale* car elle ne serait pas faite pour la loi. « *Le devoir c'est la nécessité d'obéir à la loi par respect pour la loi.* »

157. Caractère universel de l'obligation. — Le troisième caractère du *devoir* c'est qu'il est *universel*. Sans doute il n'est pas universel en fait, en ce sens qu'il n'est pas exécuté partout ni toujours et qu'il n'est même pas toujours conçu de la même manière ; mais il est *universel en droit*, c'est-à-dire que nous ne pouvons pas concevoir une loi morale sans être convaincus qu'elle doit s'appliquer à tous les hommes, que tout homme à notre place, dans les mêmes circonstances devra agir de même. C'est pourquoi on peut emprunter à Kant cette *formule* célèbre par laquelle il propose de reconnaître si une action est ou n'est pas conforme au devoir. « Agis toujours de telle sorte que tu puisses vouloir que *la règle de ton action devienne une loi universelle.* » Il remarque comme confirmation de cette règle qu'elle est d'un *usage fréquent dans l'éducation.* Lorsqu'un enfant commet une action injuste, comment lui fait-on sentir l'injustice de sa conduite ? En lui disant : « Qu'arriverait-il si tous les autres faisaient comme toi ? » et l'enfant comprend fort bien qu'une action est mauvaise du moment que tous les autres ne pourraient pas l'exécuter.

158. Idée du mérite et du démérite. — Ce devoir qui s'impose ainsi à nous est accompli ou n'est pas exécuté. Il en résulte après l'exécution de l'action de nouvelles idées morales importantes, les idées de *mérite* et de *démérite.* La valeur des actions morales est attribuée à l'homme qui les a accomplies et il nous paraît *s'élever ou s'abaisser en proportion.* Le mérite d'un homme est *en raison de la difficulté et de la valeur intrinsèque de l'acte qu'il accomplit.* La conduite peut prendre ainsi des valeurs bien différentes que le langage sait distinguer. Elle peut être *héroïque, belle, convenable, droite, honnête, coupable, criminelle, honteuse, hideuse.* Quand le mérite est habituel, il prend le nom de *vertu* ; enfin il entraîne avec lui des conséquences appelées *sanctions,* qui seront examinées avec l'idée de responsabilité. L'intelligence morale, ou la conscience ne fournit pas toutes ces différentes notions immédiatement et d'une façon instinctive, elle y parvient par la *réflexion.* Elle est en effet susceptible de *progrès et d'éducation,* et soit dans le cours de la vie individuelle, soit dans le cours de l'histoire, nous voyons les hommes comprendre et appliquer mieux les notions de bien et de devoir.

§ 3. — La Sensibilité au point de vue moral.

159. La sensibilité. — La sensibilité est la *faculté de jouir ou de souffrir*, d'être affecté d'une manière agréable ou désagréable ; tandis que l'intelligence nous fait *connaître des objets*, la sensibilité nous indique seulement des *états du sujet*. Comme la sensibilité est étroitement liée avec l'action, elle a en morale un rôle considérable.

160. Le plaisir et la douleur. — Il est impossible de définir des phénomènes simples comme le *plaisir* et la *douleur*. Les définitions comme celle de Bossuet, « le plaisir est le chatouillement des sens et la douleur le sentiment importun des sens offensés » ne font que répéter les termes à définir. Il faut se borner à constater ces faits. Les *sensations* seront les plaisirs et les peines éprouvés à la suite d'une modification corporelle, comme la douleur d'une blessure ; les *sentiments* seront les plaisirs et les douleurs éprouvés à la suite d'un phénomène spirituel, comme la douleur éprouvée à la nouvelle de la mort d'un ami.

Ces phénomènes sont en intime relation avec nos actes, ils en sont la conséquence ; « *le plaisir s'ajoute à l'acte comme à la jeunesse sa fleur,* » dit Aristote ; « le plaisir, dit Hamilton (*), est un reflet de l'exercice spontané et libre d'une faculté dont notre conscience nous révèle l'action, la peine est un reflet de l'exercice forcé ou comprimé de cette faculté. »

En un mot un *acte parfait*, c'est-à-dire modéré dans sa force et conforme à notre nature physique ou morale s'accompagne de *plaisir* ; un *acte imparfait*, trop fort ou trop faible, contraire aux lois de notre nature produit une *douleur*.

La pensée du plaisir que nous avons éprouvé nous pousse à recommencer l'acte qui lui a donné naissance et le *plaisir devient ainsi la cause la plus puissante de nos actes.* D'autre part, nous cherchons toujours à éviter la douleur, et la douleur présente surtout, *l'inquiétude présente* comme dit Leibniz, nous détermine à modifier notre attitude, à transformer nos actes.

161. Les inclinations. — Ces mouvements spontanés par lesquels l'esprit se porte vers les objets ou s'en éloigne sont les *tendances*, les *penchants*, les *inclinations*. Dans les inclinations un nombre considérable de phénomènes psychologiques et physiologiques semblent liés ensemble et s'évoquer les uns les autres. Dès que l'un d'eux est provoqué, tous les autres commencent à se développer successivement. Cette liaison entre tous ces phénomènes est souvent produite par nous-mêmes quand, par *la répétition des mêmes actes*, nous nous créons des *penchants artificiels*; souvent elle est le *résultat de notre constitution physique et morale* et elle forme nos *penchants naturels*.

Les principales inclinations ont été distinguées d'après leurs objets en inclinations *personnelles, sociales, impersonnelles*.

162. Les inclinations personnelles. — Ces inclinations dérivent toutes de l'*amour de soi* ou amour-propre, de cet *instinct de conservation* et de ce besoin de développement qui caractérise toutes nos facultés physiques ou morales. Les inclinations physiques forment les *appétits*, caractérisés par leur *périodicité* : ceux-ci ne sont pas continuels, mais, comme la faim et la soif, ils disparaisse.t après la satisfaction et se reproduisent à intervalles réguliers.

Les *inclinations morales* sont formées par le *besoin d'exercer les facultés de notre esprit*. La sensibilité a ses besoins et nous *désirons être émus*, même d'une manière pénible. Ainsi que le montre le goût des mélodrames, «*est quædam flere voluptas*, il y a quelque plaisir même dans les larmes ». L'exercice de l'intelligence donne lieu aux diverses formes de la *curiosité*, et l'exercice de notre activité forme *l'amour de la liberté*, *l'amour du pouvoir*, *l'ambition*, *l'estime de soi*, *l'émulation*.

Certaines *inclinations vers des objets matériels* se rattachent à ces inclinations personnelles, car ces objets, qui en eux-mêmes sont indifférents, servent, comme l'argent, par exemple, à nous procurer d'autres satisfactions.

163. Les inclinations sociales. — *Les inclinations sociales* ou sympathiques qui ont pour objet les autres hommes, ont été le sujet de beaucoup de discussions philosophiques. Certains auteurs, comme La Rochefoucauld (*) dans ses *Maximes*, et plus tard Helvetius (*) dans son livre sur *l'Esprit*, ont *nié leur existence*. D'après eux, nous ne pourrions aimer les autres hommes que comme *moyens*, c'est-à-dire pour nous procurer certaines jouissances, nous ne pourrions *aimer que nous-mêmes comme fin*. « Toutes les vertus et les affections vont se perdre dans l'intérêt, comme les fleuves dans la mer... L'amour ne s'arrête dans les sujets étrangers que comme l'abeille sur les fleurs pour en tirer ce qui lui convient.» La Rochefoucauld pourrait avoir raison, s'il s'était borné à dire que l'égoïsme vient souvent corrompre les actions des hommes, mais il va plus loin, et dit que dans l'esprit humain l'égoïsme existe seul. Alors comment les hommes peuvent-ils *blâmer l'égoïsme* ? Comment conçoivent-ils l'idée d'une conduite différente ? Que signifient les mots de *générosité*, de *dévouement*, de *sacrifice*, de *désintéressement* ?

Pour que les hommes aient l'idée et le désir de semblables vertus, il faut qu'ils aient en eux-mêmes des sentiments correspondants. En fait, la préoccupation d'autrui poussée jusqu'à l'oubli de soi-même est parfaitement réelle et l'*amour maternel*, dont La Rochefoucauld évite de parler, en est le meilleur exemple.

C'est là un fait bien naturel qui n'existe pas seulement dans les bons sentiments, mais même dans les mauvais, comme le remarque si justement David Hume : « La sympathie, dit-il, ne vient pas d'un raffinement métaphysique sur notre intérêt particulier ; certains animaux sont susceptibles de sympathie, ce sentiment vient-il chez eux d'un raffinement d'amour-propre ? La vengeance, la colère nous font oublier notre propre sûreté ; quelle est donc la malignité d'une philosophie qui n'accorde pas aux sentiments d'humanité et de bienveillance ce qu'elle est forcée de reconnaître dans des sentiments atroces tels que la haine et la colère ? »

Ces sentiments sociaux se présentent sous divers aspects, la *philanthropie*, la *sociabilité*, la *bienveillance*, la *sympathie*, la *compassion*, la *pitié*, l'*amitié*, la *reconnaissance* ; ils donnent naissance aux *sentiments de famille*, tels que l'amour conjugal, l'amour paternel, l'affection filiale, fraternelle ; aux sentiments qui se développent dans les diverses associations, comme l'*esprit de corps*, l'*amour du drapeau*, le *patriotisme*, etc.

164. Les passions. — Toutes ces inclinations peuvent grandir et *se modifier* de bien des manières *au cours de leur développement* ; ces diverses formes que prennent les inclinations sous diverses influences constituent les *passions*. Lorsqu'une inclination commence à se développer, elle nous pousse à agir dans un sens déterminé, mais comme nous ne connaissons pas encore quels sont les objets qui la favorisent et ceux qui la contrarient, nous n'avons de cette tendance qu'une *conscience assez vague.*

Si un objet nous procure du plaisir ou de la douleur, l'inclination s'attache dorénavant à cet objet, elle devient *l'amour* ou la *haine.* « Posez l'amour, disait Bossuet, vous verrez naître toutes les passions, ôtez l'amour, elles disparaissent toutes.» En effet, sous *l'influence de la mémoire* qui nous représente ces objets, les inclinations se transforment encore et deviennent le *regret* le *désir, l'aversion.*

Enfin, *l'influence de l'imagination* est plus grande encore : elle *augmente* toutes les passions précédentes, elle leur donne outre leurs objets réels des *objets idéaux* ; elle crée même des passions nouvelles, comme *l'espoir* et le *désespoir.*

Toutes ces passions ont une grande influence sur notre conduite. « L'homme, disait M. Paul Janet (*), intervient dans sa destinée de bien des manières, il y intervient d'abord par ses passions : les événements n'en sont la plupart du temps que le contre-coup ; et si les accidents de notre vie ne sont pas toujours l'effet de nos propres passions, ils sont très souvent l'effet de celles des autres. La rencontre et l'entrecroisement des passions humaines donnent lieu à mille jeux de fortune qui paraissent une loterie, parce qu'on ignore les causes subtiles et innombrables qui ont contribué à les produire ».

165. Les inclinations impersonnelles. — Les *sentiments désintéressés* ne se rapportent à aucune personne réelle, ils sont provoqués par les *idées supérieures,* de la *vérité,* de la *beauté* et du *bien.* La *curiosité,* l'amour de la science, et quelquefois le *désir de répandre la vérité,* le *sentiment du bien,* du gracieux, de l'élégant, *l'amour des beaux-arts* forment les deux premiers groupes ; les sentiments proprement moraux qui se rattachent à l'idée du bien forment le troisième.

166. Les sentiments moraux. — Parmi ces sentiments moraux, les uns ont pour objets notre propre personne considérée au point de vue moral. Tels sont le *sentiment de l'honneur,* le *contentement de soi-même,* la *satisfaction morale* ou bien le *remords,* la *honte,* le *repentir.* Ces sentiments sont complexes ; ils renferment évidemment des pensées *intéressées* ; dans la satisfaction de soi-même entre la *pensée d'une récompense* et dans le remords le *regret d'avoir échoué* et la *crainte d'un châtiment.* Mais il y a aussi dans ces phénomènes *des sentiments de fierté* et *des sentiments d'humiliation*, la pensée que l'on vaut plus ou que l'on vaut moins. Le *repentir* est une souffrance comme le remords, mais avec un *regret* de l'action coupable et une *résolution* de ne plus l'accomplir.

Les sentiments moraux s'adressent aussi *aux autres hommes* appréciés dans leur valeur morale. Le plus important est le *respect* ; l'analyse qu'en a faite Kant est restée célèbre. « Le respect, dit-il, s'adresse toujours aux personnes, jamais aux choses. Les choses peuvent exciter en nous de l'inclination ou même de l'amour quand ce sont des animaux, ou de la crainte comme la mer ou un volcan, mais jamais de respect. Ce qui ressemble le plus au respect, c'est l'admiration. L'admiration est un étonnement que les choses peuvent produire, par exemple les montagnes qui s'élèvent jusqu'au ciel. Mais tout cela n'est pas le respect. Un homme peut aussi être un objet d'amour, de crainte ou d'admiration sans être pour cela un objet de respect. Son esprit, son courage, sa force, sa puissance, le rang qu'il occupe peuvent m'inspirer ces divers sentiments sans que j'éprouve intérieurement du respect pour sa personne... Je m'incline devant un grand, disait Fontenelle, mais mon esprit ne s'incline pas, et moi je dis : devant l'humble bourgeois en qui se trouve l'honnêteté du caractère portée à un degré que je ne trouve pas en moi, mon esprit s'incline que je le veuille ou non et si haut que je porte la tête pour lui faire remarquer la supériorité de mon rang. Pourquoi cela ? C'est que son exemple me rappelle une loi, qui confond ma présomption quand je la compare à ma condition et dont je ne puis regarder la pratique comme impossible, puisque j'en ai sous les yeux un exemple vivant. »

Le *respect* est donc *un sentiment qui s'adresse d'abord à la loi morale*, puis exclusivement aux personnes dont la conduite est en conformité avec cette loi. Elles sont, en effet, à ce moment comme des *représentants, des exemples vivants de la loi*, et c'est la loi réalisée que je respecte en elles.

Les autres sentiments qui s'adressent aux hommes sont, suivant les cas, la *sympathie*, la *bienveillance*, l'estime, l'admiration ou bien le *mépris*, l'indignation, l'horreur. Tous ces sentiments sont déterminés par la pensée de la valeur que nous attribuons aux hommes, ils s'ajoutent aux jugements moraux qui déterminent cette valeur.

§ 4. — L'ACTIVITÉ ET LA VOLONTÉ.

167. L'activité. — L'activité de l'esprit se manifeste dans tous les phénomènes de la pensée, mais elle est surtout manifeste dans les *mouvements* par lesquels l'homme sort pour ainsi dire de lui-même et agit sur le monde extérieur et sur ses semblables. Ce qui caractérise un mouvement, c'est *le passage d'un point à un autre* ; tout acte est de même *un changement, un passage d'un état initial à un état nouveau* qui sera *le terme* ou *la fin* de l'action. Ces deux termes, le dernier surtout, peuvent être plus ou moins connus par la conscience et d'après les degrés de précision de cette connaissance on distingue trois degrés ou trois formes de l'activité, l'*instinct*, l'*habitude* et la *volonté*.

168. L'instinct. — On donne le nom d'*instincts* à certains *actes intelligents* qui s'exécutent *naturellement* et *automatiquement*. Ces actes sont *intelligents*, car ils ne sont pas formés par des mouvements désordonnés mais par un ensemble de mouvements *systématiques*, rattachés les uns aux autres et constituant par leur ensemble *une action ayant de l'unité et parvenant à un résultat utile*. Tels sont les actes de l'oiseau qui fait son nid et qui couve ses œufs, de l'enfant qui tette, de l'homme qui se raccroche aux branches pour ne pas se noyer. Ces actes sont *naturels*, c'est-à-dire qu'*ils n'ont pas été appris* et sont exécutés avec perfection dès la première fois sans que l'être ait dû faire des efforts personnels, ni subir une éducation. Enfin ces actes sont *automatiques*, c'est-à-dire qu'*ils sont exécutés sans intelligence* ; l'être qui agit n'a pas *conscience du but* de son action, il ne sait pas lui-même pourquoi les mouvements sont disposés de telle manière et il ne cherche pas à les modifier par la réflexion.

De telles actions, plus fréquentes d'ailleurs chez les animaux que chez les hommes, ne jouent pas un grand rôle en morale, car l'appréciation morale s'attache uniquement aux *actes intentionnels*.

Remarquons seulement que les enfants peuvent apporter en naissant, soit par hérédité soit par toute autre cause qui modifie leur constitution mentale, des *instincts bons ou mauvais* qui joueront un grand rôle dans leur vie et qui rendront plus facile ou plus difficile leur éducation morale.

169. L'habitude. — L'habitude présente *la plupart des caractères de l'instinct*. On appelle habituels des actes *intelligents*, bien adaptés à leur but et qui s'exécutent aussi d'une façon *automatique*. Nous parlons, nous écrivons sans avoir conscience des mouvements exécutés ni de leur utilité pour le résultat final. Mais l'habitude *n'est pas naturelle* et elle n'existe pas dès le début de la vie. Elle est le *résultat d'une activité antérieure* qui a été consciente, c'est une tendance à répéter avec *plus de rapidité, plus de facilité* et *moins de conscience* des actes qui ont été accomplis au début avec *lenteur, avec effort* et *avec conscience*.

L'habitude joue un *rôle considérable dans la morale* ; elle permet de *conserver* le résultat de nos efforts passés et donne à la vie de l'unité, de la continuité ; elle peut aussi dégénérer en *routine* et nous empêcher d'effectuer les changements nécessaires au progrès. Elle constitue alors ce que l'on a appelé récemment le *misonéisme*, cette résistance des hommes aux innovations. « Si l'homme, dit M. Lombroso (*), accueille avec plaisir une innovation de peu d'importance, il ressent de la douleur et de l'effroi quand il se trouve en présence d'innovations trop radicales. Ce qui entre pour beaucoup dans ces sentiments, c'est la douleur que fait naître en lui la nécessité d'imposer à son cerveau des évolutions plus rapides et auxquelles il n'est point accoutumé. » D'une manière plus précise, *l'habitude facilite la bonne ou la mauvaise conduite* suivant la direction qui lui a été imprimée. Les bonnes habitudes permettent d'accomplir les actions morales avec moins de peine, elles forment les *vertus* ; les mauvaises habitudes rendent plus difficile la résistance à nos passions, elles constituent les *vices*.

170. La volonté. — La volonté est *la forme supérieure, la plus parfaite de l'activité humaine*, celle qui manifeste au plus haut degré les caractères de l'activité, c'est-à-dire le changement, le passage d'un état à un autre.

L'acte volontaire est *intelligent* comme les précédents, c'est-à-dire qu'il présente comme eux une exacte adaptation des moyens aux fins, mais il présente deux caractères qui lui sont propres, il est *nouveau* et il est *complètement conscient*. Les actes volontaires sont avant tout des actes nouveaux, des actes qui sont exécutés pour la première fois. Ce qu'il y a de nouveau en eux ce ne sont pas les mouvements qui les constituent ni même les images que l'esprit possède à ce moment : ces mouvements et ces images ont pu exister déjà dans d'autres circonstances. *La nouveauté consiste dans la combinaison, dans la synthèse de ces mouvements et de ces images* pour effectuer à tel moment, dans telles circonstances un acte déterminé. Sans doute il est bien rare qu'il y ait des actes entièrement nouveaux, mais si une partie de l'acte est ancienne, une autre partie ou du moins les circonstances dans lesquelles l'acte est accompli et auxquelles il est adapté sont nouvelles et *l'acte est volontaire en raison de la part de nouveauté* qu'il renferme.

Enfin l'acte volontaire est entièrement conscient : il faut entendre par là que l'acte est *complètement rattaché à la personnalité*. Nous avons conscience de faire l'acte *nous-mêmes*, nous sentons qu'il fait partie de *notre personne actuelle*, et plus tard le *souvenir* qu'il laissera sera encore un élément de *notre personnalité passée*. Ce caractère des actes volontaires les distingue des actes automatiques, car ces actes précisément ont lieu à notre insu, ce sont nos mains qui travaillent, ce n'est pas nous et, ni dans la conscience présente ni dans le souvenir, ces actes ne font partie de notre personnalité.

171. Analyse de l'acte volontaire. — L'acte volontaire est donc un acte *complexe* qui renferme différentes parties ou différents moments. Certains phénomènes *précèdent* l'acte proprement volontaire. 1° *La conception des actes possibles*, par exemple, si on a été offensé, pardonner ou se venger ; ce sont de simples idées qui n'ont pas encore d'influence sur la conduite. 2° La conception des *motifs* ou des *mobiles* qui nous portent à accomplir l'un ou l'autre de ces actes. Dans le sens propre les motifs sont les raisons conçues par l'intelligence et les mobiles sont les impulsions provenant de la sensibilité : l'idée du devoir est un motif, la colère est un mobile. 3° La *délibération*, qui est la comparaison, la mise en balance des motifs et des mobiles. C'est après cette comparaison qui est plus ou moins expresse qu'a lieu la *décision* ou la *résolution* de la volonté. Un des caractères essentiels de ce phénomène psychologique c'est qu'il réunit *en une même pensée*, rattachée elle-même à la personnalité, *l'idée de l'acte, les motifs divers et tous les différents phénomènes qui* font partie de l'action. C'est cette *synthèse* qui transforme l'idée vague du début en un but précis de notre activité.

Il faut distinguer cette résolution des phénomènes qui la suivent. 1° La *conception des moyens* ; ce n'est pas là à proprement parler un phénomène volontaire mais une simple opération intellectuelle qui du but nettement posé déduit les moyens. 2° L'*exécution matérielle* ; nos idées ont une tendance naturelle à se manifester par des mouvements extérieurs et un *commencement d'exécution* accompagne le plus souvent les résolutions énergiques. Il est même juste, comme le veulent les tribunaux, de ne considérer un acte comme décidé que s'il y a un commencement d'exécution. Mais il peut arriver cependant que l'exécution soit empêchée par quelque obstacle et que la résolution n'en existe pas moins, elle doit donc être distinguée du mouvement lui-même.

172. **La volonté et le désir.** — Enfin il faut distinguer encore la volition de ce qui l'accompagne le plus souvent sans se confondre avec elle, c'est-à-dire du *désir*. L'opinion populaire confond souvent ces deux phénomènes et le mot vouloir est souvent pris dans le sens de désirer. Mais beaucoup de philosophes, comme Aristote, et, parmi les modernes, Locke (²), Reid, Cousin (²), Garnier, se sont efforcés d'établir *la séparation* de ces deux phénomènes. Le *désir* peut porter sur des *objets impossibles* ou dont la réalisation dépend du hasard, la *volonté* ne peut porter que sur *des choses qui dépendent de nous*. Le désir est peu clair souvent, peu conscient, la *volonté s'accompagne d'intelligence*, « ὄρεξις μετὰ διανοίας disait Aristote, tendance avec intelligence. » *Les désirs* peuvent avoir tous les degrés et se présenter *en grand nombre à la fois*, la *volonté* est *une* et fixe, elle peut même *s'opposer à tel ou tel désir*. Notre volonté morale peut lutter contre les désirs que les passions nous inspirent. « Le désir, disait Cousin, résumant cette discussion, est un élan aveugle qui sans aucune délibération et sans l'intervention de la volonté s'élève ou tombe, s'accroît ou diminue. Le désir n'est pas une résolution, c'est un entraînement ; on ne désire pas, on ne cesse pas de désirer à volonté. La volonté combat le désir, comme aussi souvent elle y cède, elle n'est donc pas le désir. Le désir est si peu la volonté que souvent il l'abolit. Si le désir était le fondement de la volonté, plus le désir serait fort, plus nous serions libres, c'est le contraire qui est vrai. Je ne dis pas que nous n'ayons aucune influence sur nos désirs, mais le pouvoir même de la volonté sur le désir est une preuve de la différence de leur nature. »

§ 5. — La Liberté.

173. Différents sens du mot liberté. — Le caractère le plus important de la volonté au point de vue moral, c'est la *liberté*.

Ce mot a plusieurs sens différents : 1° La *liberté physique* consiste dans la libre disposition que nous avons de nos membres : Un homme qui se promène jouit de cette liberté, un prisonnier en est privé. 2° La *liberté civile* est constituée par un ensemble de droits naturels qui nous sont garantis par les lois, par exemple le droit de posséder, de tester, de vendre, d'acheter, d'avoir une famille. 3° La *liberté politique* est un ensemble de certains droits ou pouvoirs qui nous assurent une part dans le gouvernement de notre pays. 4° La *liberté religieuse* est le droit non seulement de croire ce que l'on veut, mais encore le droit de manifester sa croyance dans la mesure compatible avec le respect de la croyance d'autrui. 5° Enfin la *liberté morale* est proprement le caractère de la volonté ; c'est la forme de la liberté que l'on doit particulièrement étudier dans la morale.

174. La notion de la liberté. — La liberté morale est tout *intérieure*, elle subsiste inviolable et entière lors même que toute liberté extérieure nous est enlevée. Après avoir fait une action nous sentons que *les circonstances étant restées les mêmes nous aurions pu agir autrement.* En d'autres termes, l'*idée de liberté* est opposée à l'*idée de détermination* qui a été étudiée dans les sciences de la nature. Les phénomènes physiques dépendent des circonstances qui les accompagnent, ils sont présents et absents, ils varient avec elles. Il semble qu'il n'en est pas ainsi pour nos *actes volontaires* ; ils semblent *indépendants des circonstances* physiques ou morales qui les environnent. Nous croyons que nos actes peuvent changer même si les circonstances restent immuables, ou bien que nos actes peuvent rester les mêmes quoique les circonstances soient entièrement modifiées.

175. Objections contre la liberté morale. — Le fatalisme. — Une semblable conception soulève bien des difficultés, et nombre de théories philosophiques se sont efforcées de démontrer que la liberté morale était *impossible*; on peut les ranger sous deux titres principaux, le *fatalisme* et le *déterminisme.*

Ces deux grandes théories ne doivent pas être confondues. Le *fatalisme* affirme que tous les événements du monde sont soumis à une *nécessité absolue* qui ne dépend d'aucun fait, d'aucune circonstance, mais qui reste toujours immuable quels que soient les bouleversements que l'on suppose dans l'univers. Cette idée de nécessité absolue peut être comprise grâce à des exemples empruntés aux *sciences mathématiques* : le théorème du carré de l'hypoténuse ne dépend pas de tel ou tel phénomène, il resterait vrai même si le soleil s'éteignait, si le monde disparaissait. Eh bien, tout événement d'après le fatalisme est soumis à la même nécessité. Le *destin* a prononcé qu'OEdipe tuera son père et épousera sa mère ; cet événement arrivera *fatalement*, quelles que soient les précautions prises, quelles que soient les circonstances.

Cette idée générale est la même dans les divers systèmes fatalistes, qui ne diffèrent entre eux que par les raisons qu'ils donnent pour soutenir une affirmation aussi étrange. Le fatalisme des anciens (*fatum*, destin), et le *fatalisme mahométan*, ne donnent pas d'autre raison que celle-ci : « C'est écrit, Dieu le veut » sans chercher ce qui nous prouve cette volonté divine. Le *fatalisme théologique* ou doctrine de la *prédestination* s'appuie sur des théories religieuses comme la *théorie de la grâce* chez Saint Augustin et chez les *jansénistes* (¹). Il se sert aussi de *l'argument de la prescience divine*. Dieu, d'après cet argument, étant parfait, doit avoir toutes les perfections, entre autres les perfections de l'intelligence, il doit tout savoir et par conséquent tout prévoir ; or si Dieu connaît toutes nos actions futures et les a prévues depuis toute éternité, il est impossible que nous ne les accomplissions pas ou que nous les accomplissions autrement. Enfin le *fatalisme géométrique* tel que celui de Spinoza, considère tout l'univers comme un livre de géométrie et déduit tous les plus petits événements d'une existence primitive et nécessaire, celle de Dieu.

176. Discussion du fatalisme. — Il est facile de répondre à l'argument particulier de la prescience divine : « il est illogique, comme le disaient Descartes et Bossuet, d'invoquer contre la liberté que nous expérimentons en nous et dont nous avons une connaissance précise, les attributs de Dieu que nous savons incompréhensibles de leur nature. » Quant au caractère géométrique de l'univers dont parle Spinoza, c'est une hypothèse grandiose que rien ne confirme ; les événements ni les lois *ne se déduisent* les uns des autres et nous ne connaissons pas la raison mathématique des choses.

Il est plus important de faire quelques remarques générales sur le fatalisme. Cette doctrine amène avec elle le *découragement* et *l'inertie*, car on doit renoncer à tout effort devenu inutile. En outre, le fatalisme est en contradiction avec toutes les études *scientifiques* qui nous ont toujours montré *la détermination des événements par leurs circonstances*. « Le fatalisme, dit Leibniz, ressemble au sophisme paresseux des anciens qui concluait à ne rien faire ; car, disait-on, si ce que je demande doit arriver, il arrivera quand je ne ferai rien ; et s'il ne doit point arriver, il n'arrivera pas quelque peine que je prenne pour l'obtenir. On pourrait appeler cette nécessité que l'on imagine dans les événements détachés de leurs causes *fatum mahometanum*, parce qu'on dit qu'un argument semblable fait que les Turcs n'évitent point les lieux où la peste fait ravage. Mais la réponse est toute prête : Si l'effet est certain la cause qui le produira l'est aussi et l'effet n'arrivera que par une cause proportionnée. Ainsi votre paresse fera peut-être que vous n'obtiendrez rien de ce que vous souhaitez et que vous tomberez dans les maux que vous auriez évités en agissant avec soin. L'on voit donc que la liaison des causes avec les effets, bien loin de causer une fatalité insupportable, fournit plutôt le moyen de la lever. Il y a un proverbe allemand qui dit que la mort veut toujours avoir une cause et il n'y a rien de si vrai. Vous mourrez ce jour-là (supposons que cela soit et qu'on le prévoie), oui sans doute, mais ce sera parce que vous ferez ce qui y conduira... »

177. Le déterminisme. — La doctrine du déterminisme s'oppose à la liberté d'une autre manière, elle est fondée sur *l'idée de nécessité relative* ou sur *la causalité*. Les événements ne sont pas nécessaires en eux-mêmes, mais ils *dépendent des circonstances qui les environnent* et varient avec elles ; c'est ainsi que l'on peut distinguer un *déterminisme physique*, un *déterminisme physiologique* et un *déterminisme psychologique*.

178. Le déterminisme physique et physiologique. — Le déterminisme *physique* prétend que nos actions dépendent des *circonstances physiques*, de la température, du climat, du milieu en un mot dans lequel se passe la vie, « la vertu et le vice, disait M. Taine*, sont des produits comme le sucre et le vitriol ». Ces influences n'ont pas l'importance qu'on leur attribue, elles déterminent tout au plus certaines dispositions générales de l'esprit, mais elles sont bien loin de pouvoir rendre compte de tel ou tel acte particulier.

Le déterminisme *physiologique* invoque l'*influence des tempéraments* et *des maladies* sur nos actes et aussi la *relation générale de la pensée avec le corps* et avec les modifications physiologiques.

Cette relation est encore aujourd'hui bien générale et bien vague. On a pu, dans certains cas, montrer la relation de certains phénomènes psychologiques élémentaires tels que les sensations et les images avec les modifications des cellules cérébrales ; mais aucune étude de ce genre n'a pu être faite sur les phénomènes psychologiques supérieurs tels que les jugements. Or ce sont précisément ces jugements supérieurs qui sont en question dans les actes libres. La détermination physiologique de nos actions reste encore une hypothèse incomplètement justifiée.

179. Le déterminisme psychologique. — Ce sont des *lois purement psychologiques*, des relations régulières entre les phénomènes mentaux eux-mêmes dont se sert le *déterminisme psychologique*. On a prétendu que le *caractère*, les *passions*, les *habitudes*, déterminaient nécessairement nos actions.

Sans doute, de telles influences sont manifestes, mais elles sont loin d'être absolues. Le caractère n'est ni immuable, ni incorrigible, la plupart des passions peuvent être domptées, et il est bien rare qu'une habitude soit devenue complètement mécanique et insurmontable. D'ailleurs, s'il en est quelquefois ainsi pour les passions et les habitudes, ce n'est que tout à fait au terme de leur évolution, quand elles ont pu grandir et se fortifier à loisir par mille répétitions. Au début, nous pouvions résister ; « *principiis obsta*, résistez au commencement », disaient les anciens moralistes. Ou plutôt ces débuts, surtout ceux de l'habitude, n'ont eu lieu que par notre consentement et les premiers actes ont été volontaires. Si l'habitude résiste plus tard à la volonté, il ne faut pas oublier qu'elle est en grande partie son œuvre.

Sans doute l'*éducation*, les *exemples*, le *milieu* ont aussi des influences incontestables, et on admet très justement que ce sont là des *circonstances atténuantes* pour bien des fautes. Mais cette influence est vague, et on ne peut dire qu'elle explique absolument tel ou tel acte déterminé.

« La connaissance même médiocre du caractère d'un homme et des circonstances dans lesquelles il est placé nous suffit ordinairement pour juger sans trop de chances d'erreur du parti qu'il prendra. » Mais cette prévision de la conduite humaine est encore bien insuffisante et ne suffit pas pour établir le déterminisme d'une façon rigoureuse.

180. L'argument des motifs. — On a voulu aller plus loin et chercher l'explication de chaque acte dans les phénomènes psychologiques qui l'accompagnent, dans les *motifs*. « *L'argument des motifs* » est l'expression la plus forte du déterminisme psychologique. L'homme, dit-on, pourrait être comparé à une *balance* qui oscille sous l'influence du poids des motifs ; l'*oscillation*, c'est la *délibération* et quand l'un des plateaux entraîne le fléau par son poids plus grand, c'est la *résolution*.

Bossuet et plus tard Reid voulaient répondre à cet argument par la théorie de la *liberté d'indifférence*, « certains actes, disaient-ils, sont entièrement dépourvus de motifs. Pour quels motifs, quand on ouvre une bourse contenant plusieurs pièces de monnaie de même valeur, prend-on l'une plutôt que l'autre ?» La réponse est insuffisante, car de telles actions ont *des causes purement physiologiques* et inconscientes qui n'en sont que plus rigoureuses, et ensuite ce sont des actions insignifiantes dont le caractère n'a aucune importance morale.

181. Discussion de l'argument des motifs. — Puisqu'il est nécessaire d'admettre *l'existence des motifs*, il faut comprendre leur rôle dans l'action volontaire. Peut-on dire que la détermination de la volonté par les motifs soit du même ordre que la détermination des phénomènes physiques les uns par les autres ? Dans ce dernier cas ce sont des *forces mathématiquement mesurées* qui déterminent les phénomènes par *leur quantité*, et les lois physiques ne sont le plus souvent que des relations numériques. En est-il ainsi dans la conscience ? Quand on dit que le motif le *plus fort* l'emporte, s'agit-il d'une force, d'une quantité semblable mesurée de la même manière ? En aucune façon, 1° la force du motif prédominant *n'est appréciée que la résolution une fois prise ;*

quand il a triomphé, qui nous assure que cette force ne lui vient pas de la volonté même, qu'elle n'a pas choisi un motif pour le rendre prédominant ? 2° Comment *mesurer* avec précision ces phénomènes psychologiques délicats ; où est la commune mesure qui permettra de comparer en quantité le plaisir de s'enrichir, le plaisir de l'ivresse et le plaisir du théâtre ? 3° Les différences entre les motifs sont bien plutôt *des différences de qualité* ; ce n'est pas un bien plus grand que je préfère, c'est le plus souvent un bien *autre*. « *Video meliora proboque, deteriora sequor.* Je vois le bien, je l'approuve, et c'est le mal que je fais », disait Ovide (*). Cette pensée n'a rien d'étrange malgré son aspect paradoxal, elle signifie que je vois un bien, mais que j'en cherche un autre. Le déterminisme par les motifs est en réalité un *déterminisme par les idées* et par les *qualités de ces idées*.

182. Nature de la liberté. — L'homme n'a pas une liberté absolue, il n'accomplit pas des actes absolument indéterminés, ce qui serait le hasard et l'incompréhensible ; l'homme a une *liberté relative*, c'est-à-dire que ses actes sont déterminés par certaines raisons, mais sont libres, non déterminés par rapport à d'autres causes plus banales. On sait que les animaux à sang chaud ont une température constante malgré les variations de la température extérieure. La chaleur animale n'est pas sans lois, ni sans causes, mais elle est jusqu'à un certain point indépendante de la température extérieure qui détermine la température des animaux à sang froid.

La pensée humaine est encore plus *indépendante du milieu* que la température du corps ; *les actions déterminées par des idées supérieures*, des jugements artistiques ou moraux sont, tout en leur obéissant et par le fait de leur obéissance, *indépendantes des sensations inférieures* et des forces physiques du monde extérieur.

183. Preuves de la liberté. — La liberté ainsi comprise n'est ni contradictoire ni impossible ; est-elle réelle ? On a mille fois répété depuis Aristote que les *menaces*, les *prières*, les *conseils*, les *ordres* n'auraient plus de sens dans l'hypothèse déterministe ; on n'adresse pas, dit-on, des prières aux fleuves qui coulent fatalement vers la mer pas plus qu'à un automate. Assurément, car le fleuve n'a ni oreilles, ni intelligence pas plus qu'un automate. La seule prière que l'ingénieur adresse aux fleuves qui débordent, c'est une digue. Mais quand on a affaire à un *être intelligent*, qui est *déterminé par des motifs*, le moyen de l'amener à telle ou telle résolution, c'est précisément d'agir par des prières, des conseils, etc., sur son intelligence et sa sensibilité.

Il en est à peu près de même pour la preuve tirée des *contrats* et des *promesses*. On nous dit par exemple : des volontés déterminées par des motifs pourraient-elles se lier par des promesses relatives à l'avenir ? Comment puis-je m'engager dans dix ans si je ne suis pas maître de ma volonté ? Mais certainement, je le puis tout de même, c'est tout justement parce que je suis déterminé que je le puis, sans cela ma volonté fantasque et sans raison ne pourrait jamais savoir la veille ce qu'elle fera le lendemain.

Le lien capable d'enchaîner l'avenir, c'est le contrat lui-même avec ses motifs, avec ses clauses, avec les sanctions extérieures et intérieures qui en suivent l'accomplissement ou la violation. Quoi qu'il arrive dans l'avenir, il est très improbable qu'il se présentera un motif plus fort que tous ceux-là, pour nous décider à rompre le contrat. On se fie aux contrats parce qu'on sait que pour un homme d'honneur les motifs pour l'accomplissement d'un contrat sont toujours plus forts, quoi qu'il arrive, que les motifs contraires. Ces arguments ne nous montrent pas sans doute une liberté indéterminée, mais ils nous montrent la détermination par les idées dont on a vu l'importance.

184. Preuve de la liberté par la conscience. — Bossuet voulait *démontrer la liberté par la conscience*, par le *sentiment vif interne* que nous en avons. Bayle (*) répondait qu'une pareille conscience peut être trompeuse; une girouette que le vent pousserait vers le Nord et qui désirerait cette direction pourrait se figurer qu'elle a tourné librement. L'auteur *confond ici le désir avec la volonté*, l'action extérieure matérielle avec la résolution interne; la girouette dans ce cas n'aurait aucune *conscience réelle d'un effort volontaire*. Spinoza disait aussi dans une pensée célèbre que cette illusion du libre arbitre que tous les hommes se vantent de posséder consiste seulement dans l'*ignorance des causes* qui les font réellement mouvoir. On peut répondre que l'ignorance des motifs de nos actions ne nous dispose pas à croire à la liberté, bien au contraire, c'est alors que nous les attribuons au hasard ou à des influences mystérieuses.

La difficulté véritable, c'est que la liberté est plutôt une idée, la conception d'une action possible à la place de celle qui a été faite en supposant les circonstances identiques ; c'est là un rapport compliqué produit par des comparaisons et des jugements et que l'on ne peut guère considérer comme un fait de conscience immédiate. Ce que la conscience nous donne, c'est la notion de l'effort, de la synthèse que notre esprit accomplit quand nous groupons les éléments d'une résolution nouvelle, et c'est par des jugements plus compliqués et postérieurs que nous *interprétons* ce sentiment pour en faire la notion de notre liberté.

185. Preuves de la liberté par les idées morales. — D'autres preuves importantes sont tirées de l'existence des lois morales. L'homme juge qu'il *peut* faire quelque chose puisqu'il a la conscience de le *devoir* « *du sollst, denn du kannst*, tu dois, donc tu peux, » disait le poète Schiller (*) interprète de la pensée de Kant. Non seulement le devoir est une loi, mais j'y reconnais ma propre loi. On peut expliquer dans l'hypothèse déterministe l'ordre donné au point de vue extérieur, mais non l'ordre accepté. *Le sentiment de l'obligation implique la liberté.*

D'une manière plus générale *l'action morale* est une action *désintéressée*, déterminée par des idées et par la qualité des idées ; reconnaître qu'il existe une morale et de belles actions c'est reconnaître la liberté. La liberté n'est pas autre chose que le pouvoir de créer des idées nouvelles et élevées, et de les transformer en actes qui seront le point de départ de toute une série de phénomènes physiques et moraux.

§ 6. — LA PERSONNALITÉ ET LA RESPONSABILITÉ.

186. L'unité de la personne. — Tous les phénomènes moraux qui ont été passés en revue, faits d'intelligence, de sensibilité ou d'activité se réunissent, se groupent et constituent par leur ensemble *la personne morale*, ou du moins *l'idée de notre personnalité* telle qu'elle se présente à notre conscience.

La personnalité est la forme la plus parfaite de *l'unité* : les *choses*, les objets qui remplissent l'univers matériel n'ont qu'une *unité artificielle*, une unité que nous leur imposons d'après leur position ou leur usage. Ils peuvent se diviser en parties arbitraires et conservent leur nature dans chacune de ces parties. L'*individu* a déjà une unité plus réelle, ses différentes parties sont réunies par une œuvre commune, par un but commun. C'est l'*unité caractéristique de la vie*, et l'individu est la forme que prend tout être vivant même inférieur. Au-dessus de l'unité individuelle qui existe mais qui s'ignore se trouve une *unité qui est réelle et qui en outre se connaît*, a conscience d'elle-même, c'est la *personne* qui est une pour elle-même.

187. Constitution de la personnalité. — Les éléments qui entrent dans cette unité de la personne humaine et qui la constituent sont nombreux : ce sont d'abord des faits présents, des *sensations* et surtout celles qui sont *internes*, qui nous font connaître notre corps, notre propre organisme et dont l'ensemble constitue la *cœnesthésie* ; ce sont aussi des événements du passé, les *souvenirs*, qui jouent un rôle important, car en nous donnant la notion des actions déjà faites ils nous donnent l'idée importante des actions que nous pouvons faire, l'idée de *nos facultés*. Enfin des événements futurs entrent également dans l'idée de la personnalité, ce sont nos *imaginations sur l'avenir*, l'idée de nos *pouvoirs* et de nos œuvres futures.

Ces divers éléments sont réunis fortement autour d'un *sentiment* vague, celui que nous avons de *notre vie organique*, et autour d'une image précise, celle de notre *nom* qui joue un rôle considérable dans la formation de la personnalité. Cette réunion se présente sous deux aspects, d'un côté la synthèse des événements présents constitue proprement notre *unité*, et de l'autre la synthèse des souvenirs du passé avec les idées présentes forme notre *identité*. En nous remémorant nos souvenirs de notre vie passée, il semble que nous nous *reconnaissons*, nous trouvons partout la même personne que nous sommes aujourd'hui, nous croyons être resté *le même* au travers des différentes époques.

188. Altérations de la personnalité. — Sans doute cette unité merveilleuse et difficile à réaliser peut être incomplète et quelquefois très altérée. Les souvenirs du passé peuvent se souder mal avec les sensations présentes, et *plusieurs personnalités différentes* sembleront s'être *succédées* dans le même corps humain. Quelquefois aussi les sensations et les idées présentes seront elles-mêmes *mal synthétisées*, se réuniront en plusieurs groupes et donneront naissance à *plusieurs personnalités simultanées*. Mais ces altérations de l'esprit sont exceptionnelles et pathologiques et la loi générale c'est l'unité de la personne humaine.

189. Importance de l'idée de personnalité. — L'idée de la personnalité joue un grand rôle en psychologie. Par son apparition elle *complète la conscience*; les sensations, les souvenirs sont rattachés à la personnalité par la *perception personnelle* et deviennent mieux connus. Les actes, quand ils sont perçus par la personnalité et quand ils sont nouveaux deviennent *volontaires*. Enfin *notre propre personne* avec ses souvenirs, ses préférences, ses idées acquises *intervient dans nos actions* comme un des motifs les plus puissants ; les actions ainsi déterminées par la pensée de notre personnalité sont nôtres, se séparent plus nettement du monde extérieur et méritent mieux le nom d'*actions libres*.

190. La responsabilité. — C'est surtout en morale que la personnalité joue un rôle considérable, car elle donne naissance à une nouvelle conception des plus importantes, *l'idée de responsabilité*.

D'une manière générale la responsabilité d'un homme consiste dans ce fait que cet homme *supporte lui-même les conséquences de ses propres actions*, et ces conséquences des actions qui retombent sur leur auteur s'appellent des *sanctions*. Mais les actions ont des conséquences de diverses espèces qui peuvent également retomber sur leur auteur et par conséquent il y a plusieurs sanctions et plusieurs responsabilités.

Une action peut avoir pour son auteur des conséquences purement physiques ; une faute, une simple imprudence peuvent amener une maladie, ce sera la *sanction et la responsabilité physique*. Les actions ont des conséquences sociales et elles entraînent des châtiments juridiques; ce sera la *sanction et la responsabilité légale et civile*. Les actions d'un homme engendrent l'estime ou le mépris de ses semblables, ce sera la *sanction sociale*. On verra plus tard la *responsabilité religieuse*. Ces diverses sanctions sont extérieures à l'individu et constituent la *responsabilité objective*.

La *sanction morale* est *intérieure*, elle consiste dans la *satisfaction morale*, et le *remords* dans le sentiment que nous avons d'avoir augmenté ou diminué de valeur ; le fait d'être capable de supporter de pareilles sanctions forme la *responsabilité morale*.

191. Conditions de la responsabilité. — Toutes ces sanctions ne peuvent pas être appliquées à toutes les actions ni à tous les hommes ; le fait de pouvoir les attribuer à telle ou telle personne constitue l'*imputation*, qui sera *légale* ou *sociale* ou *morale* suivant qu'il s'agit de telle ou telle sanction. Les conditions nécessaires pour qu'un acte et ses sanctions puissent légitimement être imputés à un individu sont *les conditions de la responsabilité*.

1° Il faut que l'individu soit *intelligent*, qu'il comprenne son action ; à plus forte raison faut-il qu'il ait la *conscience* et le *souvenir personnel de l'action*. Un idiot, un fou ne comprennent pas leurs actes, un épileptique qui agit dans le délire de l'accès n'a ni conscience ni souvenirs personnels de son acte ; de tels individus ne seront donc pas responsables. Le principe est simple mais ses applications seront souvent fort difficiles. Nous ne signalerons qu'une discussion : un individu est-il responsable d'un crime commis pendant l'*état d'ivresse* ? D'un côté il ne l'a pas compris et n'en a pas eu conscience, mais de l'autre il savait que l'ivresse l'exposait à perdre la direction de ses actes et il est responsable de s'être exposé à ce danger.

2° « A l'*impossible* nul n'est tenu », dit un proverbe, et nul n'est responsable des choses qu'il n'aurait pas pu éviter, des malformations de son corps et de son esprit, des accidents physiques qu'il ne pouvait ni prévoir, ni empêcher.

3° On peut être coupable par *erreur* ou par *ignorance*, et il est évident que la responsabilité est dans ce cas fort diminuée, mais il faut apprécier dans quelle mesure cette erreur et cette ignorance ne sont pas le fait de l'individu et s'il n'aurait pas pu les éviter.

4° Enfin, il est clair que l'on ne peut pas être responsable d'un acte exécuté par *contrainte*, mais que dans ce cas la responsabilité retombe sur l'auteur véritable, celui qui a *inspiré* et forcé l'exécution du crime. Il est vrai qu'il sera souvent difficile d'apprécier les degrés de cette contrainte et que cette étude amènera souvent à répartir une *responsabilité collective* entre les divers agents. Il est immoral d'infliger la responsabilité solidairement à tout un groupe, par exemple aux enfants d'un père coupable ; il faut qu'il y ait *participation intentionnelle et consciente*.

Cette idée de la responsabilité réunit et résume les principaux faits moraux, les notions du bien et du mal, du devoir, de l'action libre. Ce sont ces faits que l'on constate non seulement dans notre propre esprit mais chez tous les autres hommes. L'histoire, les législations, les religions nous montrent ces mêmes idées chez tous les peuples. La morale les recueille et doit maintenant chercher à les interpréter.

CHAPITRE II.

Les fins de la vie humaine, le bonheur, l'utilité, le devoir. Platon, les stoïciens, Kant.

§ 1. — LES SYSTÈMES DE MORALE. LES FINS DE LA VIE HUMAINE.

192. Les systèmes de morale. — Un *système* scientifique, ainsi qu'on l'a vu, est une vaste hypothèse destinée à *expliquer en les réunissant* un très grand nombre de faits recueillis par l'observation. Un système de morale n'est pas différent des autres systèmes scientifiques, il doit *réunir dans une même explication les faits moraux* qui ont été fournis soit par la conscience, soit par les recherches historiques.

Les faits moraux étant *les actions volontaires* des hommes sont expliqués par *les motifs* qui déterminent notre conduite. Par exemple, on expliquera un très grand nombre d'actions et de pensées qui ont rempli la vie d'un homme en disant qu'elles ont été déterminées par l'ambition, par la pensée d'une situation à conquérir. Pour expliquer un grand nombre de faits moraux il faudrait montrer qu'ils *dépendent tous d'un seul et unique motif*. Aussi les systèmes de morale ont-ils toujours un même caractère général. Ils choisissent l'*un des motifs d'action* qui existent dans l'esprit des hommes et ils le *généralisent*, c'est-à-dire qu'ils essayent de ramener à ce seul motif toutes les actions humaines que l'on considère comme morales, ils cherchent également à expliquer par cet unique motif tous les ordres de notre conscience. Autant l'on trouve dans notre esprit de motifs principaux, autant il y aura de grands systèmes de morale.

193. Les fins de la vie humaine. — Les phénomènes psychologiques qui déterminent le plus souvent nos actions sont d'abord des sensations et surtout *des sensations de plaisir et de peine*. Quand la pensée de ces plaisirs est examinée avec réflexion, quand il s'agit non seulement d'un plaisir présent et accidentel, mais d'une *somme de plaisirs futurs*, cette idée devient celle de l'*utilité* ou de l'*intérêt*. Expliquer la conduite des hommes par le plaisir ou par l'intérêt, tel est le caractère général des *morales sensualistes* ; parmi ces morales sensualistes on distinguera les *morales du bonheur* et les *morales de l'utilité*.

A côté des plaisirs et des intérêts se trouvent les *sentiments* des hommes qui les poussent à agir ; un groupe de morales, dites *morales du sentiment*, explique toute la conduite par ces inclinations.

Enfin, les hommes sont aussi déterminés à agir par des *idées* et en particulier par les *idées morales* que nous avons constatées dans la conscience. Les *morales intellectuelles* ou *rationnelles* considèrent certaines de ces idées comme les véritables fins de l'activité humaine et rattachent à telle ou telle idée rationnelle toute notre conduite morale.

§ 2. — LES MORALES DU BONHEUR.

194. La morale du plaisir. — L'explication de la conduite des hommes par l'*attrait du plaisir* est une des plus simples qui devait se présenter naturellement à l'esprit des anciens philosophes. Aristippe (*) de Cyrènes, colonie grecque de l'Afrique, né vers 435, disciple assez indépendant de Socrate (*), la formula avec précision. Chaque être vivant recherche son plaisir et fuit la douleur, il se conforme à la loi universelle en poursuivant la satisfaction de tous ses besoins. L'homme, comme tous les animaux, doit rechercher sans cesse *le plaisir le plus vif* et sans contrainte, tel est le véritable but de toute sa conduite. Cette doctrine, très simple et brutale, peut être désignée sous le nom d'*hédonisme* (ἡδόνη, plaisir).

C'est là une interprétation évidemment trop simple de la vie humaine. Un système de morale doit expliquer les idées morales des hommes, or il est évident que l'hédonisme pur n'en tient aucun compte. Ce qui caractérise toute idée morale c'est l'idée de *loi*, d'*obligation* ; il s'agit toujours d'ordre, de défense, c'est-à-dire de *limites imposées à nos désirs*. L'hédonisme, au contraire, nous dit de nous abandonner à chaque plaisir quel qu'il soit, c'est-à-dire d'obéir à tous nos caprices; les deux conceptions sont tout à fait opposées.

D'autre part, ce système est *peu conséquent* avec lui-même. En nous conseillant le plaisir il semble nous promettre les plus profondes et les plus continuelles jouissances. Mais cette recherche brutale du plaisir aurait pour *conséquence immédiate la douleur*, la maladie et même la mort. Fourier (*) qui, au début de ce siècle, avait exposé un système de philosophie sociale inspiré par l'hédonisme, voulait que l'on permît à tous les hommes de s'abandonner librement à toutes leurs passions. Il croyait que les hommes étaient tous parfaits naturellement et que ce développement des passions serait toujours modéré et harmonique. En réalité il n'en est rien, et une licence de ce genre aboutirait facilement au *désordre et à la souffrance*. Il faut nécessairement, pour notre bonheur même, faire ce que fait la bête elle-même quand elle renonce à manger une proie soit par crainte de châtiment, soit pour se réserver une subsistance dans l'avenir; il faut en un mot soumettre le plaisir à *quelque choix*, à *quelque règle*.

195. La morale de l'intérêt. — Ce fut l'œuvre d'Épicure; ce philosophe ne veut pas que l'homme poursuive aveuglément tous les plaisirs, il veut que l'on *choisisse* parmi eux. Les uns, en effet, sont *instables*, toujours en mouvement (ἡδόνη κινητίκη), ils changent et se transforment en souffrances. D'autres, au contraire, sont *stables* (ἡδόνη στατίκη) et peuvent se prolonger longtemps sans amener de douleur. Ce sont ces derniers qu'il faut choisir en prenant pour règle de la vie non pas simplement le plus grand plaisir possible, mais *le plus grand plaisir possible pendant le plus longtemps possible*. Il résume cette morale dans les *quatre règles* suivantes : 1º accepte tout plaisir qui n'amène pas pour toi de conséquences fâcheuses; 2º fuis toute douleur qui est sans utilité; 3º fuis tout plaisir qui pourrait te priver d'un plaisir ultérieur au moins égal ou t'amener une douleur plus grande; 4º accepte toute douleur qui doit te procurer un plaisir plus vif ou t'épargner une douleur plus grande.

196. Valeur de la morale de l'intérêt. — Cette morale est évidemment *très supérieure* à la précédente. Elle fait intervenir dans notre conduite des facultés plus élevées. Au lieu d'obéir aux impulsions sensibles l'homme doit user de toute son intelligence pour *discerner* son intérêt véritable, il doit *réfréner* par un effort volontaire les passions qui demandent leur satisfaction immédiate et se diriger d'après la pensée de l'*avenir*. Le principe de l'*intérêt* donne à la vie de l'ordre et de l'unité; il pousse l'homme à acquérir, fait régner le travail, l'ordre, l'économie. On peut remarquer que la conduite d'un homme dirigé par le souci de son intérêt peut dans bien des cas présenter l'aspect de la véritable vertu.

197. Discussion de la morale de l'intérêt. — Cette conception de la vie humaine explique-t-elle les idées morales qui ont été constatées comme des faits d'observation? Il semble qu'elle *rend compte des ordres et des défenses*, de la satisfaction morale et des remords, puisque l'intérêt qui s'oppose aux passions du moment peut commander ou défendre, peut provoquer la joie du succès ou le regret des maladresses. Mais les commandements de la morale ont d'autres caractères, ils sont *obligatoires d'une manière absolue* et on ne peut par aucune supposition les supprimer. Tous les commandements donnés au nom de l'intérêt ne sont en réalité que des *conseils* subordonnés à cette condition : « Si tu veux être heureux », et un homme peut toujours s'affranchir de ces ordres en renonçant à son bonheur futur. Les commandements de la morale sont *universels*, tandis que l'intérêt est *différent pour chaque homme*, qui le conçoit à sa manière. Il en résulte que la vie de l'homme intéressé ne ressemble qu'en apparence à la vertu. Appelle-t-on *vertueux l'égoïste* le plus raffiné? Quel mérite y a-t-il à rechercher son propre avantage? Epicure a le défaut de ne pouvoir dépasser *le point de vue de l'individu* et de son bonheur *personnel*. Or, l'idée morale la plus importante c'est le souci des autres hommes, c'est le *désintéressement*. Le dévouement qui fait le fonds de toute moralité ne s'explique pas par la préoccupation de notre bonheur personnel, fût-il conçu de la manière la plus intelligente.

§ 7. — LES MORALES DE L'UTILITÉ.

198. L'arithmétique des plaisirs. — Un moraliste anglais du 18° siècle, Bentham (*), a essayé d'élargir cette conception de l'intérêt et de faire rentrer les devoirs sociaux eux-mêmes dans la théorie de l'égoïsme. Complétant d'abord la morale d'Epicure, il donne les *règles du choix* que l'on doit faire parmi les plaisirs. Les plaisirs ne se distinguent pas uniquement par leur intensité, mais encore par d'autres propriétés dont il faut tenir compte. Ils peuvent être *prochains ou lointains, certains ou incertains, purs ou mélangés de douleur, durables ou fugitifs*. Examinez les plaisirs à chacun de ces points de vue, combinez ces différents rapports et vous arriverez ainsi à former des règles dont l'ensemble compose l'art de la vie, ce sera *l'arithmétique des plaisirs*. Mais Bentham ajoute une nouvelle qualité des plaisirs dont la considération doit transformer la morale utilitaire : c'est la *fécondité des plaisirs*. Un plaisir peut être fécond quand il devient pour nous-mêmes et pour les autres la source de nouveaux plaisirs. Il faut préférer les plaisirs féconds, c'est-à-dire qu'il faut se préoccuper des jouissances qu'ils procureront aux autres hommes. La *considération du plaisir d'autrui* doit entrer dans nos calculs. Nous devons chercher autant que possible le plaisir le plus général, et la formule de la morale intéressée se complique encore et devient *le plus grand plaisir possible pendant le plus long temps possible et pour le plus grand nombre d'hommes possible*.

199. Morale de l'intérêt général. — Cette théorie de la *morale de l'intérêt général*, exprimée par Bentham, a été reprise plus récemment par Stuart Mill dans son ouvrage intitulé *l'utilitarisme*. Cet auteur précise les explications de Bentham en montrant comment ont pu se former les principales idées morales. Le *bonheur de l'individu*, dit-il, se trouve ordinairement *associé à l'intérêt général*, les deux idées finissant par s'unir et par constituer une *association inséparable*. Nous ne pouvons penser au bonheur d'autrui sans penser au nôtre propre et nous faisons pour autrui ce que nous désirons pour nous-mêmes. Herbert Spencer a plus tard insisté sur des explications du même genre. Une association de ce genre, dit-il, ne se fait pas seulement dans le cours de notre vie individuelle ; elle a été faite peu à peu pendant *la vie des générations* qui nous ont précédés. Transmise par l'*hérédité* elle devient indissoluble et constitue une loi de notre raison. Les idées relatives au bien, au mal, à la vertu, au remords s'expliquent de même. La vertu ne nous apparaît jamais que comme un moyen de bonheur ; à la longue le moyen et la fin se confondent par une *association inséparable et héréditaire* et la vertu devient une fin en elle-même.

200. **Discussion de la morale de l'intérêt général. — Origine de l'obligation.** — Il semble que d'après cela, la morale utilitaire puisse réclamer le *mérite du dévouement et du sacrifice.* Pour résumer son système, Stuart Mill ne trouve rien de mieux que de s'approprier les préceptes de l'évangile : « Nous trouvons, dit-il, dans l'inappréciable règle de Jésus de Nazareth l'esprit tout entier de la morale utilitaire ; aimez votre prochain comme vous-mêmes, voilà l'idéal parfait de cette morale. » La difficulté principale que présente cette morale, c'est *le passage de l'intérêt personnel au souci de l'intérêt général.* On comprend que l'homme soit en quelque façon obligé par la considération de son intérêt, puisque l'intérêt est la somme de nos plaisirs futurs et que nous sommes naturellement disposés à rechercher notre plaisir. Mais comment et *pourquoi nous préoccuper de l'intérêt des autres ?* C'est, nous dit-on, que cet intérêt d'autrui se confond avec le nôtre, que l'intérêt de l'abeille est le même que celui de la ruche. C'est là une affirmation bien théorique et dont nous constatons rarement la vérité pratique. *L'intérêt d'un homme n'est pas le même que celui de son voisin,* l'intérêt du médecin n'est pas le même que celui du malade, ni celui du vendeur identique à celui de l'acheteur. Au contraire l'économie politique et l'étude des sciences naturelles nous ont montré partout *la concurrence* et *la lutte pour la vie.* Cet accord n'est donc qu'un idéal, et Stuart Mill qui le comprend bien voudrait que l'éducation et l'opinion publique nous fissent croire nécessairement à cet accord qui n'est pas encore réalisé. Compter sur l'éducation pour associer dans l'esprit de chacun l'idée de son intérêt et l'idée de l'intérêt d'autrui, c'est une chimère. Une association de ce genre fût-elle créée, les faits, les conflits perpétuels des intérêts se chargeraient bien vite de la dissoudre. Supposons même qu'il en soit ainsi et que rechercher l'intérêt général des autres, ce soit en même temps le meilleur moyen de travailler à notre propre bonheur. Nous retombons alors dans *la morale de l'égoïsme,* nous n'agissons en réalité que *pour nous-*

mêmes et le bonheur d'autrui est réalisé par surcroît, par accident. Il n'y a plus là ce véritable désintéressement que les idées morales nous présentent sans cesse, et la notion des devoirs sociaux n'est pas expliquée.

201. L'égalité des personnes. — Herbert Spencer a fait lui-même une critique très forte de ces doctrines de l'intérêt général. Dans un dialogue serré il met aux prises un moraliste et un disciple de Bentham : « Le moraliste : Votre maxime est bien le plus grand bonheur pour le plus grand nombre ? Le Benthamiste : oui. — C'est-à-dire que si quatre-vingt-dix-neuf personnes trouvaient leur bonheur et leur intérêt à une certaine action et que cent autres y trouvassent leur malheur, l'action ne devrait pas être faite ? — Assurément. — Et cela pour cette seule raison qu'il y a une personne de plus d'un côté que de l'autre ? — Précisément. — Vous supposez donc *l'égalité des personnes ?* Vous prenez pour accordé que les unités humaines se valent comme les unités arithmétiques puisque vous vous contentez d'en faire la somme de part et d'autre et de comparer ? — Je l'avoue. — Mais comment savez-vous que les personnes sont des unités d'égale valeur ? Rien au monde n'est plus contraire aux faits ; l'inégalité est partout, inégalité de fortune, de puissance, d'intelligence. Où donc prenez-vous cet axiome que *l'intérêt d'un homme est aussi respectable que celui d'un autre ?* Qui vous dit, par exemple, que vous soyez mon égal, que vous ayez un droit égal au mien ? — Mais j'en suis sûr, je le sens. — Je n'en demande pas davantage, vous posez en principe l'égale dignité des personnes. Vous parlez en cela comme un pur disciple de Kant et je ne m'étonne plus de ce qu'il y a de spécieux et d'élevé dans vos préceptes. Quant à vous croire utilitaire et disciple de Hobbes (*), renoncez à cette illusion. »

202. Morale de l'intérêt bien entendu. — Les moralistes de l'intérêt ont essayé de faire pénétrer dans leurs doctrines ces idées plus élevées et ils ont voulu tenir compte non seulement de *l'intensité des plaisirs* ou de leur quantité, mais aussi de leur *valeur* ou de leur *qualité*. « Les adversaires de la doctrine utilitaire, dit Stuart Mill, prétendent souvent que cette doctrine est digne seulement des pourceaux. Mais ce sont eux qui représentent la nature humaine sous un aspect avilissant en supposant que les hommes ne sont pas capables d'autres plaisirs que les pourceaux. Les êtres humains sont doués de facultés plus élevées et du moment qu'ils ont la conscience de ces facultés, ils ne considèrent pas comme bonheur ce qui ne concourt pas à la satisfaction de ces facultés. Il serait absurde, alors que partout on tient compte de la qualité, qu'on ne le fît pas pour l'estimation des plaisirs… Il est incontestable que l'être dont les capacités pour la jouissance sont basses, est celui qui a le plus de chances de les satisfaire pleinement et qu'un être doué de hautes facultés sent toujours qu'il ne peut atteindre qu'à un bonheur imparfait. Mais mieux vaut être un homme mécontent qu'un pourceau satisfait. Mieux vaux être Socrate mécontent qu'un imbécile satisfait. »

203. Discussion de la morale de l'intérêt bien entendu. — Jusqu'à quel point un moraliste utilitaire qui explique toutes nos actions uniquement par notre intérêt personnel a-t-il le droit de s'exprimer ainsi sans renoncer au principe de son système ? Comment décider qu'un plaisir est plus élevé et plus délicat qu'un autre ? *De quel droit* imposer aux autres hommes *cette appréciation* ? « On peut se demander, dit M. Paul Janet(*), si ces *jugements* portés sur l'*espèce ou la qualité* peuvent être considérés comme des jugements de pure expérience, s'il est possible de prononcer que tel plaisir est élevé ou grossier, noble ou vil, digne ou indigne, pur ou impur en faisant abstraction de tout *sentiment d'obligation et de perfection morale*, si ces épithètes par lesquelles nous établissons une hiérarchie entre les plaisirs n'appartiennent pas à la langue morale et ne sont pas vides de sens dans la langue de la sensibilité pure. »

Stuart Mill essaye de répondre à cette difficulté par un procédé familier aux moralistes anglais ; il invoque le *témoignage de personnes compétentes* qui dans le cours de leur vie auront pu, comme Saint Augustin, apprécier les plaisirs que procurent les sens et ceux que procurent la sagesse ; il veut que l'on se soumette à leur jugement dans le choix et l'appréciation des plaisirs. Pourquoi considérer leur jugement comme indiscutable ? *De quel droit l'imposer à tous les hommes?* Il sera toujours impossible sans faire appel à notre raison d'établir une hiérarchie dans nos sentiments et d'expliquer toutes nos actions.

204. Morale du sentiment, de la sympathie. — A

côté des systèmes qui expliquent la conduite de l'homme par ses sensations, il faut placer les morales qui tiennent compte de ses *sentiments* et de l'influence considérable qu'ils ont sur ses actions. Cette introduction du sentiment dans la morale est intéressante, car elle permet d'expliquer au moins en partie le désintéressement, le dévouement sans réflexion, sans calcul personnel que l'on rencontre si souvent sinon dans les actions, au moins dans les idées des hommes. Une des formes les plus curieuses de cette morale du sentiment est la doctrine de la *sympathie* dont l'auteur est le célèbre moraliste et économiste anglais Adam Smith (*) dans son *Traité des sentiments moraux*.

La *sympathie* est un fait universel qui tient à *l'association des idées* et à *l'imagination* ; nous ne pouvons voir les manifestations du plaisir ou de la douleur des autres sans éprouver nous-mêmes par une sorte de contre-coup un *sentiment analogue* ; en un mot nous sommes disposés à partager les sentiments dont nous voyons les manifestations. Suivant Smith, lorsque nous *sympathisons* complètement avec un homme que nous voyons agir devant nous, *son action nous paraît bonne* et digne d'approbation. Au contraire quand nous ne pouvons partager les sentiments qui ont déterminé une action, celle-ci nous paraît mauvaise et digne de blâme. La sympathie que nous éprouvons ou n'éprouvons pas est la mesure de la valeur que nous attribuons aux actions, du mérite et du démérite de l'agent.

Quant à *nos propres actions* nous ne les apprécions pas directement, mais nous les jugeons comme dans un miroir d'après *la sympathie ou l'antipathie* que les autres hommes éprouvent pour nous. Nous partageons ces sentiments et nous acquérons ainsi une sorte de sympathie ou d'antipathie pour nous-mêmes.

205. Discussion de la morale de la sympathie. — Un premier reproche à faire à cette morale, c'est qu'elle érige en principe régulateur de l'existence un principe arbitrairement choisi qui *manque d'autorité* et n'offre aucun caractère obligatoire. Rien ne nous oblige à subordonner tous les sentiments à celui-là. En outre la sympathie est un sentiment fort *variable* soumis à toutes sortes de fluctuations, il ne peut servir de base à des règles aussi fixes et aussi immuables que celles de la morale.

Enfin, il y a *contradiction fréquente entre nos sentiments de sympathie et les jugements de la conscience morale.* Nous pouvons sympathiser avec des sentiments que nous condamnons au nom de la morale. Pouvons-nous accepter, comme un jugement définitif sur nous-mêmes, les sentiments plus ou moins variables des autres hommes ? Combien de fois le sentiment du remords n'a-t-il pas tourmenté un coupable malgré les louanges et la sympathie de ceux qui l'entouraient ?

Adam Smith, comme précédemment Stuart Mill, reconnaît ces imperfections, et il cherche, pour y remédier, à faire intervenir un *spectateur* et un juge imaginaire de nos actions. Ce personnage *impartial* prononcerait sur la valeur des sentiments que nous éprouvons. Malheureusement un tel arrêt serait dépourvu d'autorité, et la conception même d'un tel personnage impartial, c'est-à-dire dépourvu des sentiments de sympathie ou d'antipathie, nous fait sortir complètement du système que l'on voulait défendre.

206. Conclusions sur les morales intéressées. — Ces morales fondées sur nos sensations de plaisir et même sur nos sentiments de sympathie renferment une partie de la vérité : elles expliquent une partie et même *une partie importante de nos actions.*

L'égoïsme, le *calcul intéressé* n'est pas absolument blâmable et ne saurait être totalement supprimé. Pour des êtres inférieurs comme des idiots, incapables de se conduire eux-mêmes, l'égoïsme serait déjà une vertu, et chez tous les hommes raisonnables l'*intérêt bien compris* doit déterminer de nombreuses actions. La sympathie, les sentiments irréfléchis doivent également expliquer bien souvent nos actes et ne sont pas toujours blâmables. Mais il reste à se demander si c'est là l'homme tout entier et si d'autres motifs d'action plus importants encore ne doivent pas intervenir.

§ 4. — Morales du Devoir. — Platon, les Stoïciens, Kant.

207. Les morales rationnelles. — L'homme n'est pas uniquement constitué par la sensibilité ; il a d'autres motifs d'action que le plaisir ou la peine. Les *idées de son intelligence,* les notions de sa raison déterminent également sa volonté et dirigent ses actes. Les *morales rationnelles* cherchent à expliquer les idées morales par des conceptions de ce genre et rattachent nos actions non plus à des sensations ou à des sentiments, mais à des idées.

208. Morale de Platon. — Le principe de la philosophie morale de Platon (*) et peut-être de sa philosophie tout entière c'est la *conception de la dualité de la nature humaine*, partagée au point de vue des sentiments comme de l'intelligence en deux forces contraires, l'intuition et l'amour des véritables réalités, des *idées*, du bien, et la *sensation physique* le désir aveugle du plaisir. Reconnaître cette dualité, prouver que l'on ne peut dans la vie humaine s'en tenir ni à l'un ni à l'autre des deux termes et chercher à les *concilier par la science* qui doit s'appliquer à la pratique de la vie, c'est à peu près toute la théorie morale de Platon.

On ne peut s'en tenir au *plaisir sensible*, qui n'existerait même pas sans l'intelligence, car elle nous donne le souvenir et l'imagination si nécessaires pour développer et comprendre le plaisir. Tout le monde reconnaît, dit Platon, qu'il y a des plaisirs bons et des plaisirs mauvais, mais si le plaisir était le seul bien, il n'y aurait plus ni honte, ni gloire dans les plaisirs, tous seraient beaux et bons au même titre. La vie de plaisir est donc à la fois ignorante et impuissante, ignorante parce qu'elle ne connaît pas le vrai bien, impuissante parce qu'elle ne peut y atteindre.

Doit-on aller à l'extrémité opposée, retrancher de l'âme tout désir, toute inclination, tout plaisir, n'admettre que la *contemplation des idées* ? Platon est également éloigné de cet ascétisme. Une pareille vie, dit-il, serait impossible, ce serait une vie divine et non une vie humaine ; d'ailleurs, ce serait une vie incomplète dans laquelle ne se retrouverait pas l'homme tout entier.

La vie heureuse et sage est donc la *vie mixte* où se réunissent et se mélangent *la science et les plaisirs*. « Semblables à des échansons, dit-il, nous avons à notre disposition deux fontaines, celle du plaisir, que l'on peut comparer à une fontaine de miel, et celle de la sagesse, fontaine sobre à laquelle le vin est inconnu et d'où sort une eau austère et salutaire. Voilà ce qu'il faut nous efforcer de mêler ensemble de notre mieux ».

Mais comment l'homme peut-il réaliser cet ordre, cette mesure ? Il peut y parvenir *par la science*, qui est la connaissance des rapports immuables des choses, de l'ordre et de l'harmonie. Celui qui connaît bien les plaisirs et leur valeur relative ne saurait être intempérant, celui qui connaît bien les rapports des hommes entre eux ne saurait être injuste : *la science donne toutes les vertus*.

Cette *confusion de la vertu et de la science* que Platon a empruntée à Socrate et qu'il augmente encore, amène de graves conséquences. Il suffit de savoir pour bien faire, il n'y a *pas de place pour la liberté* ; la méchanceté ne peut être qu'une ignorance ou une erreur, elle n'est jamais volontaire. « *Personne n'est méchant volontairement*, dit-il, mais on le devient à cause d'une mauvaise disposition du corps ou d'une mauvaise éducation ».

Cet ordre et cette harmonie appliqués aux diverses facultés de l'âme formeront *les vertus cardinales* ; la vertu de l'intelligence sera la *prudence*, celle du cœur sera le *courage*, la vertu des sens, des désirs sera la *tempérance* ; enfin une quatrième vertu, la *justice*, maintient entre les trois parties de l'âme, l'ordre et l'harmonie, comme elle fait dans les états bien policés. Ces vertus donneront en même temps à l'homme le bonheur qui n'est pas séparé de la justice.

L'idée principale de cette morale, la confusion de la science et de la vertu se retrouve dans beaucoup d'autres théories. Elle est fort intéressante, car il est incontestable que *l'intelligence forme une partie de la moralité*. Mais on ne peut pousser cette conception à l'extrême, car il y dans la moralité un *choix et un effort pour modifier les choses*, tandis que la science constate et admet tous les faits sans avoir le droit de choisir, et ne se permet jamais de modifier la réalité.

209. Morale des stoïciens. — Les stoïciens, les philosophes qui enseignaient sous le portique (στόα, portique) ont joué un rôle considérable dans l'évolution des idées morales. Leurs doctrines s'étaient répandues dans tout l'empire romain et elles ont préparé l'avènement de la morale du christianisme. Les principaux stoïciens grecs furent Zénon (*), Chrysippe (*), Panétius (*), mais leurs doctrines furent complétées à Rome par Épictète (*), Marc-Aurèle (*), Sénèque (*).

Pour eux le *principe de la morale* est le même que le *principe de tout l'univers*. L'homme, comme le monde tout entier, est soumis à des *lois primordiales*, naturelles, auxquelles il est impossible d'échapper. Ces lois ne sont que *les manifestations de la raison universelle,* qui est le véritable principe des choses. Quand les stoïciens disent qu'il faut vivre « conformément à la nature », ils entendent par là qu'il faut vivre conformément à la raison, car *la raison et la nature sont identiques.*

Vivre conformément à la raison, c'est *éviter tout ce qui pourrait nous troubler* (ταράσσειν), rester dans le calme, l'absence de trouble (ἀταραξία) afin de réaliser en soi l'ordre et l'unité comme dans l'univers. Pour y parvenir il faut mépriser le plaisir et tous les biens extérieurs *qui ne dépendent pas de nous* (τὰ οὐκ ἐφ'ἡμιν) et ne se préoccuper que de *ce qui dépend de nous* (τὰ ἐφ'ἡμιν); or, ce qui dépend de nous c'est *le choix volontaire,* la résolution volontaire de se conformer à l'ordre universel. Déjà nous voyons que *l'intention,* l'effort volontaire jouent en morale un rôle considérable.

Ce principe intelligent de l'univers en pénètre toutes les parties, *une parcelle de l'esprit divin se retrouve dans tous les êtres vivants,* dans les abeilles, comme le dit Virgile (*) : « *Esse apibus partem divinæ mentis et haustus œthereos dixere...* » Tous les êtres et *tous les hommes* en particulier sont unis par des *liens de fraternité,* « *membra sumus corporis magni* », dit Sénèque. Il en résulte que *tous les hommes sont égaux* et de cette égalité naissent bien des idées morales nouvelles que les stoïciens ont eu le grand mérite de répandre : L'homme et la femme sont égaux, le pouvoir abusif que l'ancienne loi attribuait au père de famille sur sa femme et sur ses enfants doit être ramené à des proportions plus justes, *l'esclavage surtout est condamnable,* car « la servitude est un état contre nature. » C'est la première fois que les philosophes anciens condamnent aussi nettement l'esclavage et expriment la notion de la fraternité humaine.

Ce culte de la raison universelle n'allait pas sans ses exagérations et ses dangers; les stoïciens prêchaient l'*indifférence* pour tous les plaisirs, toutes les douleurs, pour les affections mêmes les plus naturelles; ils n'ont compris qu'une partie de la morale, l'obéissance à un commandement de la raison.

210. Morale de Kant. — Emmanuel Kant, philosophe allemand de la fin du 18ᵉ siècle, a développé et encore exagéré *ce caractère rationnel* de la morale stoïcienne.

En étudiant les actions humaines, Kant cherche ce qui constitue leur *caractère moral,* ce qui permet de les juger au point de vue du bien et du mal. L'*action* en elle-même, *dans sa matière*, n'a pas ce caractère. Considérez même un acte qui semble grave, dit Kant, comme l'acte de tuer un homme. Cette action n'a en elle-même aucune valeur morale, car, suivant les circonstances, elle peut être mauvaise, ou indifférente, comme dans le cas de légitime défense, ou même bonne, quand on tue pour sauver un innocent ou pour défendre sa patrie. Ce qui constitue le caractère moral c'est donc la *forme* de l'action, c'est-à-dire l'*intention dans laquelle l'action est effectuée*.

Quand l'intention est-elle mauvaise ou bonne? Elle est *mauvaise quand elle est intéressée*; toute action accomplie en vue d'une satisfaction quelconque, sous l'inspiration d'un sentiment même généreux, ne peut pas être une action bonne; elle peut être *légale*, c'est-à-dire accidentellement conforme à la loi, elle ne peut pas être morale. Une action n'est *morale* que si elle est accomplie uniquement *par respect pour la loi*. Notre unique préoccupation doit être de respecter le devoir en écartant toute considération relative aux conséquences de notre conduite.

On a déjà vu comment cette loi du devoir était caractérisée selon Kant par ses caractères d'*obligation absolue et générale*; elle est un *impératif catégorique* et non pas hypothétique et peut se traduire par cette formule : « Agis toujours d'après une règle telle que tu puisses vouloir qu'elle soit une loi universelle. »

214. Discussion de la morale de Kant. — On voit que dans cette morale plus encore que dans celle des stoïciens *l'action* est considérée d'une manière *abstraite et formelle* sans tenir compte de ses résultats pratiques ni des intérêts qui nous entourent. Est-il juste de dire qu'en dehors de l'intention d'obéir à la loi, *tout soit indifférent*; la vie ne vaut-elle pas mieux que la mort, la science mieux que l'ignorance ? Si les actions commandées n'ont en elles-mêmes aucune valeur, ne pourra-t-on pas attribuer le caractère de loi morale à n'importe quelle action inspirée par le délire ou le fanatisme et *la morale ne devient-elle pas arbitraire ?*

Aussi Kant modifie-t-il ce que son système présente de trop théorique en donnant une fin, un objet à l'action morale ; cette fin c'est le respect de l'humanité, le *respect de l'homme* en nous-mêmes et dans les autres. « L'homme est bien loin de la sainteté, dit-il, mais cependant la personnalité humaine doit être sacrée en lui. Dans la création entière on a le droit d'employer comme simple moyen tout ce qu'on veut et tout ce qu'on peut excepté l'homme. *Toute créature humaine doit être traitée comme une fin en soi.* » C'est reconnaître que la personne ou mieux les caractères essentiels qui constituent l'humanité ont seuls une valeur absolue et une dignité propre.

212. Morale de l'excellence. — C'est cette notion *de la valeur, de l'excellence* des choses qui joue le rôle essentiel dans d'autres systèmes de morale qui comprennent les précédents en les généralisant. Aristote, Malebranche, Leibniz et plusieurs philosophes contemporains ont montré que le caractère essentiel des idées morales c'est le fait *d'apprécier la valeur des êtres et des actions.* « La perfection absolue est en Dieu seul, dit M. Paul Janet, mais les créatures ont *plus ou moins de perfection,* suivant que nous trouvons en elles plus ou moins de qualités ou des qualités plus ou moins intenses. Il n'est pas douteux, par exemple, que nous ne trouvions plus de perfection dans une plante que dans une pierre, dans un animal que dans une plante, dans un homme que dans un animal. Cela vient de ce que chacun de ces êtres a des qualités qui manquent aux précédents. La plante a la vie que n'ont pas les pierres ; les animaux ont la sensibilité que n'ont pas les plantes ; l'homme a la raison et la liberté que n'ont pas les animaux. Chacune de ces qualités est susceptible de degrés. La vie d'un chêne est bien autrement riche, variée, intense que celle des mousses. La sensibilité du cheval ou du chien est plus vive, plus noble, plus près de l'intelligence que celle de l'huître. La raison et la liberté sont plus éclairées, plus développées, plus sûres d'elles-mêmes dans l'homme que dans l'enfant, dans le civilisé que dans le sauvage. Nous nous formons ainsi *des degrés* et une échelle d'après laquelle nous *estimons les choses* et nous les déclarons *supérieures* ou *inférieures.* »

Dans cette philosophie *les diverses idées morales prennent un sens commun* et se rattachent les unes aux autres. Le *bien* c'est ce qui nous *perfectionne* et nous élève, le *devoir* c'est l'obligation pour un être qui comprend *sa propre valeur* de la conserver et de l'accroître, la *satisfaction morale* c'est *le sentiment de notre dignité* et de notre progrès tandis que le *remords* contient *l'humiliation de la déchéance.*

La *valeur des choses*, valeur de notre travail, de notre intelligence, de notre humanité constitue une *fin pour notre activité* et une raison d'être pour nos efforts et nos devoirs. Cette morale ne contredit pas les autres et cette fin ne supprime pas les fins particulières que réclament les morales de l'utilité et du sentiment. Mais elle *range et subordonne les unes aux autres ces différentes fins* de l'activité humaine, le plaisir, l'intérêt, le devoir et donne de *l'unité à nos principales idées morales.*

CHAPITRE III.

L'individu. — Devoirs envers la personne morale. La dignité humaine.

§ 1. — LES DEVOIRS PARTICULIERS.

213. La morale pratique. — La morale est surtout une science pratique, elle ne consiste pas uniquement en descriptions et en théories, mais elle contient aussi des applications de ces doctrines à la direction de la vie humaine. Ces applications constituent la *morale pratique* ou la *morale particulière*, c'est-à-dire qu'elles forment un ensemble de devoirs qui s'imposent à la volonté humaine.

214. Variations des idées morales. — L'énumération des devoirs particuliers a paru à quelques auteurs difficile et *arbitraire*, parce que, disaient-ils, ces *devoirs* étaient très vagues, et *changeaient fréquemment* suivant les différents temps et les différents pays. « Trois degrés d'élévation du pôle, écrivait Pascal, changent toute la jurisprudence… vérité en deçà des Pyrénées, erreur au delà….. Le meurtre, le vol, l'adultère, tout a eu sa place parmi les actions vertueuses….. Le droit a ses époques, un méridien décide de la vérité, plaisante justice qu'une rivière borne. »

On a une tendance à *exagérer* la diversité des idées morales en jugeant des idées par les actions; *l'écart entre la pratique et les principes* est toujours très grand. Accordons toute la diversité qu'on voudra, cependant on n'a jamais constaté une *absence complète d'idées morales* dans aucune fraction de l'humanité. Partout on reconnaît certaines actions comme dignes d'estime et on tient d'autres actions comme blâmables, partout on constate des notions de justice et même de dévouement.

Enfin cette diversité quand elle existe peut s'expliquer par bien des raisons ; la plupart des devoirs particuliers sont des applications d'idées morales plus générales à des circonstances particulières. Ces applications constituent de véritables *raisonnements, des déductions* plus ou moins faciles, et on peut très bien concevoir des *erreurs de raisonnement* dans ces déductions morales. « On se trompe en géométrie, disait Leibniz, pourquoi ne se tromperait-on pas en morale ? » Ajoutons que les passions, les besoins, les conditions diverses des climats, des milieux, des civilisations peuvent ici beaucoup troubler la raison et modifier en apparence tel ou tel devoir particulier.

Les variations des devoirs particuliers doivent donc être étudiées et expliquées, mais elles ne suppriment pas la valeur des idées morales et ne nous empêchent pas de chercher, autant que nous le permet notre intelligence et le degré de notre civilisation, les devoirs qui s'imposent à nous.

215. Division des devoirs particuliers. — Ces devoirs sont évidemment très nombreux puisqu'il s'agit de régler toutes nos actions. On les divise d'ordinaire d'après *les objets de nos actes* et l'on distingue des *devoirs personnels* qui sont relatifs à nous-mêmes, à la *conservation* et au *perfectionnement* de notre corps et de notre esprit, des *devoirs sociaux* qui règlent nos rapports avec nos semblables, et des *devoirs religieux* qui déterminent notre conduite en face des mystères du monde et des croyances religieuses.

§ 2. — DEVOIRS PERSONNELS RELATIFS AU CORPS.

216. Devoirs personnels. — On appelle communément ces devoirs personnels, *devoirs de l'individu envers lui-même*. Cette expression semble étrange et l'on est souvent disposé à croire que l'on ne se doit rien à soi-même. Ces devoirs ne sont intelligibles que si l'on se souvient de la nature complexe de l'homme ; il y a dans notre nature des *parties inférieures* et des *parties supérieures* qui méritent le respect et qui doivent commander aux premières. La *personne empirique,* comme l'appelle Kant, c'est-à-dire l'individu avec son naturel plus ou moins défectueux, son tempérament plus ou moins violent, est obligé envers la *personne pure*, c'est-à-dire envers la raison et la liberté.

217. Devoir de conservation de la vie. — Notre vie étant la condition indispensable du développement de notre personnalité, la condition de la pratique de tous les devoirs, il est clair que le premier de tous les devoirs est *la conservation de la vie*. Ce devoir est si simple qu'il semble plutôt un désir tout naturel, un de nos *instincts* les plus fondamentaux. En effet les hommes sont tous poussés par *l'instinct vital*, le désir de la conservation de la vie ; quand ils sont en danger ils cherchent malgré eux à se raccrocher à tous les moyens de salut ; même s'ils sont misérables et malheureux ils préfèrent toutes leurs souffrances à la privation de la vie ; « plutôt souffrir que mourir, c'est la devise des hommes. »

218. Le suicide. — Mais les passions et même les raisonnements erronés peuvent transformer les instincts les plus naturels. Dans beaucoup de religions et de philosophies anciennes, la *mort volontaire*, le *suicide* a été considéré comme un acte méritoire. La morale des *Hindous*, la philosophie des *Stoïciens* le recommandaient. Aujourd'hui encore, des systèmes philosophiques qui ont, il est vrai, peu d'adeptes, le considèrent comme le plus bel acte de vertu. D'autre part, les souffrances, le découragement et le désespoir inspirent trop souvent à des malheureux le désir de se délivrer d'une existence qui leur est un fardeau trop pénible ; le suicide leur semble permis et leur apparaît même comme un acte héroïque.

Il est facile de reconnaître la fausseté de ces sophismes. Le suicide n'exige qu'un certain *courage physique* qui nous permet de braver une douleur momentanée que l'on espère courte ; il témoigne surtout beaucoup de *lâcheté*, car il montre que nous n'osons pas affronter la vie, avec ses charges et ses devoirs.

Le suicide, quoique cela semble étrange, témoigne aussi de l'*égoïsme*. « L'*amour-propre*, l'amour de notre conservation dit très bien Montesquieu, se transforme en tant de manières et agit par des principes si contraires qu'il nous porte à sacrifier notre être pour l'amour de notre être, et tel est le cas que nous faisons de nous-mêmes, que nous consentons à cesser de vivre par un intérêt naturel et obscur qui fait que *nous nous aimons plus que notre vie même.* »

Le suicide est aussi un acte *d'abdication morale* puisque on renonce à son rôle de personne morale et à tous les devoirs à la fois. Il y a dans la vie, dans l'existence humaine, quelque chose de mystérieux qui nous dépasse. Nous ne la comprenons pas assez pour avoir le droit d'en disposer à notre gré ; il faut respecter en nous-mêmes la puissance merveilleuse *de la conscience et de la pensée.*

Il ne faut pas confondre avec le suicide *la mort volontaire,* c'est-à-dire la mort bravée par dévouement pour accomplir un devoir supérieur. La mort qui est digne de blâme est inspirée par la crainte et l'égoïsme et non par le dévouement.

219. Hygiène, ascétisme. — La plupart des notions morales peuvent être perverties par leur exagération. Pour lutter contre les faiblesses du corps et pour émanciper l'esprit, beaucoup de religions ont recommandé de *sacrifier tous les plaisirs physiques,* d'imposer au corps les privations les plus dures, de le flageller, de le faire souffrir sans cesse. Cet *ascétisme* repose sur une conception fausse de la vie humaine, sur un malentendu ; sans doute la *pensée* est supérieure à la *vie physique,* mais elle *en dépend,* elle en est l'achèvement, le couronnement, elle ne peut pas dans les conditions actuelles se développer sans elle. « *Mens sana in corpore sano,* la pensée saine dans le corps bien portant », a t-on dit bien plus justement. La *conservation de la santé étant la condition de notre pensée,* de notre activité, doit être considérée comme un bien moral ; sans tomber dans des excès de pusillanimité et d'hypocondrie, le *souci des lois de l'hygiène* est une vertu. *S'abstenir des excès dangereux,* suivre un *régime sage* et modéré qui convienne à notre *tempérament, éviter les dangers inutiles,* ce sont de véritables règles de la morale pratique.

Une des vertus les plus recommandées par les moralistes, la *propreté* s'accorde tout à fait avec les préceptes de l'hygiène moderne. En préservant le corps des souillures, elle le préserve souvent des germes dangereux qui engendrent les maladies. Le souci de l'hygiène et de la propreté n'est pas seulement une vertu personnelle et égoïste, il est aussi une *vertu sociale,* car il s'oppose à la transmission des maladies contagieuses et préserve les autres comme nous-mêmes.

220. La tempérance. — S'il ne faut pas exclure et condamner les plaisirs physiques comme l'ascétisme, du moins faut-il les mettre à leur place et les renfermer dans de justes bornes, comme le demande la *modération* ou la *tempérance*. Cette vertu se diversifie et prend différents noms suivant la nature des objets auxquels elle s'applique, il en est de même du vice correspondant qui consiste à se rendre l'esclave des plaisirs du corps et des biens extérieurs. La tempérance est suivant la nature de ces plaisirs corporels, soit la *sobriété* à laquelle s'opposent la *gourmandise* et l'*ivrognerie*, soit la *chasteté* à laquelle s'oppose l'*impudicité*.

L'intempérance sous toutes ses formes amène la *ruine de la santé* et par conséquent s'oppose au devoir de conservation, elle *dégrade nos facultés intellectuelles* et par conséquent nous réduit et nous humilie. « C'est surtout l'ivrognerie, dit justement M. Barni (*), qui est la grande plaie de nos sociétés, parce que ici les moyens de jouissance sont à la portée de tout le monde et que le vice a un attrait particulier pour les classes les moins heureuses, c'est-à-dire les plus nombreuses. L'homme à qui la vie est dure cherche volontiers dans la boisson l'oubli de ses peines ; mais il y puise aussi l'abrutissement : il néglige pour le cabaret sa femme, ses enfants, ses vieux parents et, mauvais mari, mauvais père, mauvais fils, comment ne serait-il pas aussi un mauvais citoyen ? »

221. Le travail. — L'homme a besoin de *richesses* pour subsister, c'est-à-dire qu'il a besoin d'objets matériels ayant subi une certaine *appropriation* aux exigences de son organisme. Ces objets ne peuvent être ainsi transformés et appropriés que par le *travail*, qui est une *nécessité de la vie humaine.*

Mais ce travail nécessaire est en même temps le *meilleur moyen de développer nos facultés*, d'exercer notre effort et notre courage, et par l'occupation qu'il donne à l'esprit il est la meilleure manière d'assurer notre bonheur. Le travail est donc une vertu et la *paresse* qui lui est opposée est un vice.

Les *anciens* semblent avoir blâmé le travail ; ce n'est pas absolument exact, ils honoraient leurs orateurs et leurs artistes qui n'accomplissaient pas des chefs-d'œuvre sans travail. Mais comme ils avaient des *esclaves* sur lesquels ils se déchargeaient du travail manuel, ils méprisaient le *travail servile*, celui qui rapporte un bénéfice matériel, qui nous permet de subvenir à notre existence. Ce n'est que peu à peu que l'on a compris l'égalité entre les hommes, que l'on a senti la dignité qu'il y a à pouvoir assurer par soi-même son existence et celle des siens.

222. L'épargne. — Le travail qui nous procure les biens matériels nécessaires à notre vie peut devenir impossible ou insuffisant. La *maladie* ou la *vieillesse* peuvent diminuer nos forces et rendre nos efforts inutiles. Il faut qu'à ce moment nous puissions nous servir des résultats de notre travail antérieur ; il faut que nous ayons conservé par *l'épargne* une partie des richesses acquises pour satisfaire à nos besoins futurs. D'autre part le travail lui-même s'exerce mieux et dans de meilleures conditions quand nous *possédons déjà des richesses*, elles nous permettent d'attendre patiemment le résultat du travail, d'acquérir des matériaux, des outils, des machines, de nous faire assister par d'autres. Ces richesses antérieures, qui après avoir été épargnées servent à en acquérir d'autres, forment le *capital*, si utile aux individus et aux sociétés.

L'économie et *l'épargne* sont donc des vertus, elles assurent notre indépendance matérielle et par suite notre indépendance morale ; mais l'économie n'est pas *l'avarice* qui sans songer à l'utilité des richesses les aime et les conserve pour elles-mêmes. Il faut savoir posséder les richesses et ne pas en être possédé.

§ 3. — DEVOIRS PERSONNELS RELATIFS À L'INTELLIGENCE.

223. L'instruction. — Parmi les doctrines morales des religions anciennes, une des plus curieuses est la *crainte de la science* et de l'instruction. On craignait que la connaissance scientifique ne rendît l'esprit orgueilleux et ne le détournât de la foi naïve et des devoirs modestes. Bacon dans son livre sur *la dignité et les progrès des sciences » de dignitate et augmentis scientiarum »* cherche à les défendre de ces accusations. La vraie instruction, comme il le montre, nous enseigne qu'il y a bien des choses mystérieuses, elle nous rend *modestes*, tandis que l'ignorance donne une affirmation prétentieuse. L'instruction *développe notre intelligence*, en même temps elle nous permet de mieux comprendre les hommes et nous donne plus d'*indulgence* et plus d'affection. C'est donc un devoir pour tous les hommes non seulement d'apprendre aussi bien qu'il leur est possible les principes de leur art ou du métier qu'ils exercent, mais d'augmenter autant qu'il leur est possible leurs *connaissances générales*, de faire tous leurs efforts pour éviter l'erreur, et pour augmenter la puissance de leur intelligence.

224. **La véracité.** — Si nous avons cherché la *vérité*, nous savons quelle est sa *valeur* et quels efforts sont nécessaires pour l'acquérir ; désormais, nous ne serons plus capables de la cacher ou de l'altérer. La *véracité*, qui est généralement regardée comme un devoir social, est aussi une vertu individuelle. Elle consiste dans le *respect de notre intelligence* et de *notre propre parole*.

225. **La prudence.** — Cette vertu nous permet de *prévoir l'avenir*, de tout disposer pour éviter les dangers et pour profiter de nos efforts ; c'est l'art de bien discerner notre propre *intérêt* dans les choses qui nous concernent et l'intérêt d'autrui dans les choses qui concernent autrui.

226. **Le courage.** — La vertu de la volonté est la *force d'âme* ou le *courage*. Il consiste dans une fermeté réfléchie qui s'oppose à la *lâcheté*, à la *témérité* et à l'*entêtement*. Les esprits mous et lâches ne savent prendre *aucune résolution* ou s'ils en ont pris une à grand peine, ils ne savent la *maintenir* et l'abandonnent au premier obstacle. Le *téméraire* s'élance aveuglément au-devant des obstacles. Il s'expose beaucoup sans avoir beaucoup de mérite, car il n'a pas compris le danger, il ne s'est pas rendu compte des difficultés, aussi le plus souvent succombe-t-il sans aucun résultat, sans aucun succès. L'*entêtement* est trop souvent confondu avec la volonté. C'est la *persistance monotone d'une même résolution* malgré les obstacles invincibles, malgré les discussions, malgré les changements des circonstances extérieures. La *volonté* consiste au contraire à tenir compte des obstacles, à comprendre les dangers, à modifier les résolutions suivant les renseignements nouveaux, suivant les modifications des circonstances. La véritable force d'âme consiste à *faire une œuvre* en réunissant tous les éléments qui la constituent, en les adaptant aux circonstances les plus complexes.

Le courage le plus communément apprécié est le *courage militaire*, mais il ne faut pas oublier qu'il y a place aussi pour la fermeté et le courage dans les *travaux civils*, dans les entreprises industrielles, dans les recherches scientifiques et dans ces dévouements de chaque jour que demandent les *épreuves de la vie.*

227. La dignité personnelle. — Le principe de tous ces devoirs personnels est toujours, comme on l'a vu, la notion de la *dignité humaine*. Une certaine *fierté* convient aux hommes qui ont la *conscience de leurs efforts et de leur valeur.* Mais ils ne doivent pas oublier que cette valeur est loin d'être leur œuvre, qu'ils l'ont reçue sans comprendre comment elle a été formée et la *modestie* doit s'allier à la véritable fierté.

CHAPITRE IV.

La Famille. — Sa Constitution morale. Esprit de Famille. — L'autorité dans la Famille.

§ 1. — Constitution de la Famille.

228. Origine naturelle de la famille. — La famille est essentiellement la *société naturelle formée par le père, la mère et les enfants* ; dans un sens plus large, on désigne encore par ce mot la réunion de tous les *parents* et même des *domestiques* qui sont à leur service. Cette association des diverses personnes qui constituent la famille n'est pas une *union conventionnelle*, elle a son origine et sa raison d'être dans les faits les plus *naturels*, dans les conditions de la *génération humaine*. La famille est un fait si naturel qu'il existe chez les animaux, et l'on peut trouver chez les mammifères et les oiseaux des exemples de familles parfaitement constituées et très durables. La durée des familles chez les différents animaux paraît souvent dépendre d'un fait physiologique, la durée plus ou moins grande de *l'éducation des petits.* Quand cette éducation se prolonge assez longtemps pour que de nouveaux petits viennent au monde avant que les premiers soient en état de subvenir eux-mêmes à leurs besoins, la famille se prolonge et devient indestructible. Or, ce caractère existe au suprême degré dans l'espèce humaine : même en se plaçant uniquement au point de vue physiologique, la famille humaine est une association naturelle et permanente.

Au point de vue *moral*, la permanence de la famille est fondée sur deux raisons capitales : soustraire l'union de l'homme et de la femme aux *hasards* et aux *caprices* en relevant la *dignité de la femme* et *assurer aux enfants* les soins auxquels ils ont droit.

229. Les diverses formes de la famille. — Si la famille considérée d'une façon générale a toujours existé, elle a du moins présenté, suivant les époques, diverses constitutions. Les deux formes principales de la famille sont la *polygamie* et la *monogamie*, suivant que l'homme réunit autour de lui plusieurs femmes ou qu'il reste attaché à une seule. La première est la forme de la famille la plus ancienne et persiste surtout chez les peuples de l'Orient, la seconde appartient surtout aux temps modernes et aux peuples civilisés. La polygamie donne naissance à des *rivalités* et à des *discordes* dangereuses, elle *humilie la condition de la femme* dont elle fait presque une esclave ; la *monogamie* qui assure l'*égalité des deux époux* donne au plus haut degré l'union, le dévouement et tous les avantages de la famille.

§ 2. — LES DEVOIRS DANS LA FAMILLE.

230. Les vertus de la famille. — La famille demande à ses différents membres des vertus nécessaires, elle est comme on l'a souvent dit une *école* des vertus personnelles et sociales. Cicéron (¹) dans le « *traité des devoirs* » appelle la famille le principe de la cité et comme la pépinière de la république, « *principium urbis et quasi seminarium reipublicæ.* » C'est elle qui forme le premier et le plus étroit lien social ; du respect de ce lien et des obligations qu'il impose dépendent le bien de la cité et tous les sentiments sociaux.

La famille étant constituée par les parents et les enfants, on peut distinguer dans la famille quatre espèces de rapports d'où naissent quatre espèces de devoirs : 1° *rapports du mari et de la femme* ; 2° *rapports des parents aux enfants* ; 3° *rapports des enfants aux parents* ; 4° *rapports des enfants entre eux*.

231. Les devoirs des parents. — Le *christianisme* a

beaucoup contribué à purifier les idées et les mœurs et à relever la condition de la femme, il a encore précisé et ennobli le lien du *mariage* qui avait déjà été bien établi par la civilisation romaine.

L'union établie par le mariage est *librement consentie* et le respect du lien conjugal, la fidélité mutuelle des époux, est l'essence même du mariage et le devoir est le même de part et d'autre. Les époux s'engagent à partager les plaisirs mais aussi à supporter en commun les épreuves de la vie, ils se doivent mutuellement *fidélité, secours et assistance.* Le mari doit subvenir aux besoins de sa femme, la défendre, la diriger ; la femme doit obéir à son époux et diriger le ménage.

Elever en commun *les enfants* est l'une des grandes fins du mariage, car il est précisément destiné à assurer aux enfants les soins qu'ils exigent pour ne pas périr et pour se développer. Les parents ne doivent pas seulement à leurs enfants les soins matériels, ils doivent encore les *instruire* et veiller à leur *éducation* morale. « Il ne suffit pas, disait Turgot, de donner des règles de conduite, il faut encore faire naître des *habitudes morales.* » La première condition pour y parvenir c'est que les parents donnent eux-mêmes à leurs enfants le *modèle des vertus* qu'ils veulent leur inculquer. Les enfants sont portés à l'*imitation* et leur moralité future dépend le plus souvent de celle de leurs parents.

232. Devoirs des enfants. — Les enfants doivent à leurs parents, l'*amour*, le *respect* et l'*obéissance.* Ces devoirs sont *naturels*, ils résultent de la nature des rapports qui existent entre les parents et les enfants. Ceux-ci sont trop jeunes et trop faibles pour se diriger eux-mêmes ; ils doivent accepter avec bonheur une direction qui leur est indispensable.

Les enfants dans la famille et dans leurs *relations entre eux*, acquièrent des vertus indispensables dans la vie sociale. Ils comprennent le *respect des droits d'autrui*, l'amour de *la justice*, ils ont le sentiment de la *fraternité* et de l'*égalité*, et « par le bonheur des temps, comme a dit Prévost-Paradol (*), nous vivons dans un siècle où celui qui n'a pas appris à vivre avec des égaux ne sait vivre avec personne. »

Les *domestiques* font partie de la maison, il faut savoir les traiter avec un esprit de justice et d'indulgence et savoir ne demander que ce qui résulte d'un contrat librement consenti.

233. L'esprit de famille consiste essentiellement dans le

respect du nom que l'on porte, dans le souci d'accroître sa
bonne réputation et aussi dans une sympathie mutuelle qui
pousse les parents à s'aider les uns les autres.

CHAPITRE V.

La société. — Le droit et les droits. — Respect de la personne dans les autres hommes. — L'esclavage, le servage ; les abus de pouvoir.

§ 1. — La Société.

234. L'instinct de sociabilité. — Les hommes ne vivent pas isolément ; ils sont toujours *réunis en sociétés* et
leurs actions ne sont pas uniquement réglées par des devoirs
individuels, mais encore par la considération des personnes
qui les entourent. Cette réunion et ces devoirs qu'elle impose ont été quelquefois considérés comme des choses *artificielles*, et fâcheuses. Un philosophe anglais du 17e siècle,
Hobbes disait que les hommes sont naturellement ennemis
les uns des autres comme des loups : « *Homo homini lu-
pus.* » C'est aussi, avec des différences, la thèse de J.-J.
Rousseau. Au contraire, la majorité des moralistes ont pensé,
avec Aristote, que l'homme était un être naturellement so-
ciable, « ἄνθρωπον ζῷον πολίτιχον. »

Il est facile de se rendre compte de cette vérité. Si la
société est un fait contre nature, d'où vient que beaucoup
d'*animaux* obéissant seulement à leurs instincts, vivent en
société comme les abeilles ou les fourmis, comment expliquer que partout et toujours l'homme vive en société ? *Un
fait aussi universel* doit avoir ses raisons. C'est ce dont on
se convaincra par la considération de la nature humaine. On
verra que la *société résulte nécessairement* des besoins, des
exigences de toutes nos *facultés physiques, intellectuelles et
morales.* L'homme *isolé* ne pourrait subsister, ni subvenir à
ses besoins, son intelligence ne pourrait ni se développer, ni
s'instruire sans le commerce de ses semblables, les sentiments si naturels de sympathie et d'affection ne pourraient
s'exercer. L'existence de ces *sentiments sympathiques*, le dé-

veloppement du *langage* si parfait chez l'homme, enfin les notions des *devoirs sociaux* qui existent dans toutes les consciences ne pourraient s'expliquer si l'homme n'était pas *naturellement destiné à vivre en société.*

§ 2. — Devoirs de justice, le droit et les droits.

235. Les devoirs sociaux. — La société si nécessaire ne pourrait subsister si ses différents membres se détruisaient les uns les autres ou s'ils devaient être en lutte continuelle. Pour qu'il y ait union, il faut une certaine *confiance réciproque*, il faut être assuré que les hommes ne se nuiront pas les uns aux autres. En un mot, il faut que les différents membres de la société soient astreints, les uns vis-à-vis des autres, à certaines *obligations*, à certains devoirs sociaux.

236. Les devoirs de justice. — Les plus essentiels de ces devoirs sont les devoirs de *justice*. La *justice* est une vertu qui consiste essentiellement *à ne pas nuire à autrui et à accorder à chacun ce qui lui est dû.* « C'est une volonté constante de *donner à chacun son droit*, disaient les jurisconsultes anciens, *constans et perpetua voluntas jus suum cuique tribuendi.* » La sagesse des nations a depuis longtemps résumé les devoirs de justice dans cette formule : « *Ne faites pas à autrui ce que vous ne voudriez pas qu'on vous fît.* » Cette maxime est à bien des points de vue excellente. Elle exprime bien le caractère propre à la justice, qui consiste surtout dans des *interdictions*, des défenses ; accomplir les devoirs de justice c'est toujours s'abstenir de certaines actions. Cette maxime exprime bien l'idée d'*égalité* entre les hommes puisque autrui est considéré comme identique à nous-mêmes ; enfin, la forme de cette maxime est vive et frappe nettement l'esprit.

Cependant certains points sont laissés dans l'ombre et cette expression : « ce que vous ne voudriez pas qu'on vous fît » reste assez vague. Comment entendre ce mot « *vouloir* »? « On voudrait trop, dit Leibniz, est-ce donc qu'on doit trop aux autres ? » Kant remarque que le criminel pourrait en tirer un argument contre le juge qui le punit et qui ne voudrait pas lui-même souffrir cette punition. Il s'agit sans doute d'une *volonté droite, morale*, mais comment la déterminer ? En outre, la maxime ne donne pas la raison, le fondement de la justice, elle ne nous explique pas pourquoi nous devons ainsi respecter les autres.

237. Le droit. — Le droit, suivant la définition de Leibniz, est *un pouvoir moral* que possèdent les hommes. C'est un *pouvoir*, car le droit arrête la force et défend l'individu. Si nous rencontrons un enfant seul et sans défense, nous le respecterons comme s'il avait une force capable de contrebalancer la nôtre ; si nous rencontrons une bourse contenant une fortune, nous ne la prendrons pas comme si quelque chose en elle nous arrêtait. Cette puissance qui fait obstacle à nos passions et à nos désirs, c'est le droit. C'est un pouvoir *moral*, car cette puissance n'est pas matérielle, l'enfant, ni la bourse d'argent, n'ont rien qui les protège, la force qui nous arrête n'existe que dans notre pensée, elle est toute morale.

238. Origine du droit. — Quelle est l'origine et la raison d'être du droit ainsi entendu ? Le droit est-il fondé sur *la force matérielle* des êtres que nous respectons ? Cette théorie se trouve réfutée par ce que nous venons de dire sur le pouvoir moral du droit. J.-J. Rousseau a éloquemment résumé cette discussion. « Dire, écrit-il dans le « Contrat social », que *le droit c'est la force*, c'est nier toute espèce de droit. En effet, qui dit droit dit quelque chose de fixe, de permanent. Or, si la force fait le droit, toute force qui succède à la première succède au droit et le lui enlève. Dire que le plus fort a le droit revient donc à dire : le plus fort est le plus fort, tant qu'il est le plus fort. Le mot droit est ici superflu, il n'ajoute rien à la force ; que si on entendait dire par là que non seulement la force est la force, mais que parce qu'elle est la force, elle a droit au respect, qu'il faut non seulement y céder matériellement, mais que l'esprit doit s'incliner devant elle, qu'on lui doit l'obéissance et l'hommage, on fait pire que nier la notion de droit, on la profane indignement. Méconnaître le droit là où il est, c'est déjà une erreur grave, mais prétendre obtenir par la force le culte qui n'est dû qu'au droit, c'est le renversement de la conscience. »

Le droit est-il fondé sur le besoin ? C'est la théorie de Hobbes. Elle se ramène à la précédente. En effet, le besoin est quelque chose d'indéterminé, de vague. On peut avoir besoin de tout. On a besoin de tout ce qu'on désire. C'est donc dire que chaque homme a *droit à tout ce qu'il désire.* Mais alors tout homme se trouve avoir droit à tout et comme tous les hommes ont les mêmes droits, puisqu'ils peuvent avoir les mêmes besoins, voilà des droits qui se nient réciproquement : c'est la *guerre de tous contre tous,* et dans une telle guerre qui fera le partage sinon la *force ?*

Le droit a été plus souvent et plus justement rattaché au *devoir* dont il semble une conséquence. Si j'ai le *droit de vivre* et d'agir, c'est que vous avez le *devoir de respecter ma vie* et mes actions. Le droit est l'alluvion du devoir, ainsi qu'on l'a dit souvent. Cette conception est fort juste, car le droit et le devoir dépendent évidemment l'un de l'autre, mais la question ne serait que reculée, car il faudrait expliquer pourquoi vous avez le devoir de respecter ainsi une personne.

En réalité, le droit et le devoir ont la même origine que nous avons déjà indiquée, la *valeur des choses* et surtout la *valeur de la personne humaine.* Le véritable fondement du droit c'est la notion que toutes les personnes sont *égales et respectables,* qu'il s'agisse des autres personnes ou qu'il s'agisse de nous-mêmes.

« L'homme, dit Kant, existe comme *fin en soi et non seulement comme moyen* pour l'usage arbitraire de telle ou telle volonté. Les objets de la nature, en général, n'ont qu'une valeur relative, celle de moyens, c'est pourquoi on les appelle des choses, mais les êtres raisonnables sont des personnes et leur nature en fait des fins en soi, c'est-à-dire quelque chose qui ne peut être employé comme moyen et qui restreint la liberté de chacun et lui est un objet de respect. »

239. Les droits particuliers. — Ce droit qu'ont les personnes morales à être respectées donne une valeur à toutes les parties, *à tous les éléments de cette personnalité,* de là, les *droits particuliers.* La personne humaine est constituée par un corps vivant, par une activité, par une pensée et même par des objets matériels qui se rattachent à elles comme résultats de son travail ou comme satisfaisant ses besoins, de là, plusieurs droits particuliers et plusieurs devoirs correspondants : le *droit de vivre et le respect de la vie humaine,* le *droit à la liberté,* à l'*indépendance de la pensée* et enfin le *droit de propriété.*

§ 3. — Respect de la vie humaine.

240. Le crime de l'homicide. — Le premier devoir de justice et le plus important, est le *respect de la vie humaine.* L'*homicide* est certainement l'acte le plus odieux, puisqu'il supprime ce que nous devons respecter le plus, une *personne humaine*, puisque cet acte coupe court à une destinée que la nature lui assignait, que la morale lui prescrivait. Si l'homicide est accompagné de *perfidie ou de trahison*, c'est l'*assassinat*; le meurtre des parents par les enfants est appelé le *parricide*, le meurtre des enfants par les parents l'*infanticide*, le meurtre des frères les uns par les autres le *fratricide*, et ces diverses circonstances augmentent le caractère odieux de cet acte. Enfin les *coups et les blessures volontaires* se rapprochent de l'homicide puisqu'ils compromettent la vie et portent atteinte à la personne humaine.

241. Le droit de légitime défense. — Mais ce devoir si simple dans sa formule générale présente dans divers cas des exceptions dont la discussion est délicate. Ce devoir est restreint par un droit incontestable, *le droit de légitime défense*, quand nous ne pouvons protéger notre vie contre un injuste agresseur qu'en le frappant mortellement. L'assaillant viole nos droits les plus sacrés, il s'est mis en dehors de la loi morale et cesse d'être respectable.

242. Le duel. — Ce droit de légitime défense n'est pas toujours d'une interprétation facile et dans bien des cas il est invoqué plus ou moins légitimement. Ainsi des hommes prétendent que dans le *duel* ils ont le droit de tuer leur adversaire puisque leur propre vie est menacée.

Pour comprendre le duel il est nécessaire de remonter à son *origine*. Pendant les premières périodes du moyen âge, il était difficile de réunir les preuves d'un crime, de reconnaître le coupable et l'innocent et par conséquent de rendre la justice. Pour distinguer entre deux accusés on était souvent contraint de s'en remettre à la justice de Dieu. Dans le *duel judiciaire* on faisait combattre les accusés l'un contre l'autre, dans des conditions si *équitables*, avec des armes si *égales* que les témoins ne pouvaient attribuer la victoire de l'un d'eux à aucune inégalité apparente et l'expliquaient par une protection particulière de la Providence qui désignait l'innocent.

Plus tard, à mesure que *la justice humaine a fait des progrès*, nous voyons *diminuer le duel*. Aujourd'hui on n'accepterait plus de se battre en duel avec un individu accusé d'assassinat ou de vol, car on sait que dans ces cas les juges ont à leur disposition des moyens d'enquête plus sûrs sans faire appel aux hasards d'un combat. Le duel ne subsiste que dans les cas où *la justice humaine est encore insuffisante*, soit parce que l'insulte est d'une appréciation délicate, soit parce que les débats soulevés pourraient nuire à notre honneur ou à celui des nôtres. Il n'en est pas moins vrai que cette ressource ultime est de bien minime valeur, car l'innocent s'expose à subir une injustice nouvelle et cette fois irréparable sans qu'il ait chance de mettre son bon droit bien en évidence. Le duel est destiné à diminuer de plus en plus devant les progrès de la justice.

243. La guerre. — En est-il de même pour la *guerre*, ce gigantesque duel entre les nations ? Les progrès ne semblent pas sur ce point être bien évidents, car dans notre siècle les guerres ont été plus nombreuses et plus désastreuses que jamais. C'est que l'institution d'une *justice entre les diverses nations* présente des difficultés énormes presque insurmontables. Quel sera le *tribunal* disposant d'une force assez grande pour imposer ses décisions aux belligérants, et d'ailleurs est-il toujours facile de discerner de quel côté sont la justice et le bon droit dans les luttes et les revendications des différents pays ? Peut-être *des raisons économiques et matérielles* diminueront-elles les guerres avant que cette justice internationale si difficile puisse être réalisée. Les guerres sont aujourd'hui *de plus en plus ruineuses* même pour le vainqueur, et les *bénéfices* qu'elles apportent seront *de plus en plus minimes*. Grâce au commerce, aux communications de plus en plus faciles, à l'union que créent les postes, les télégraphes, les relations industrielles et scientifiques, tous les peuples jouissent des produits de toute la terre sans avoir besoin de conquêtes si coûteuses. Les guerres perdront peu à peu leur caractère de brutalité, elles deviendront des *luttes industrielles et économiques*, car la lutte continuera toujours entre les hommes; c'est une condition de leur travail et de leur progrès.

244. La peine de mort existe encore dans la plupart des législations. Elle est évidemment justifiée par le droit de légitime défense, car la société doit se protéger contre ceux qui travaillent à la détruire. Mais elle n'en est pas moins terrible, car elle donne un *exemple* de *cruauté*, et dans certains cas, heureusement très rares, elle peut donner lieu à des *injustices odieuses*. La justice humaine, qui est nécessairement faillible, peut-elle imposer une peine irréparable ? Il semble qu'aujourd'hui les sociétés n'aient pas réussi à se protéger efficacement d'une autre manière puisque les peuples comme la Suisse et l'Italie qui avaient supprimé de leurs lois la peine de mort ont été forcés de la rétablir. Les progrès de la civilisation devront cependant faire disparaître un jour définitivement ce *reste de la barbarie*.

245. L'assassinat politique. — L'assassinat ne peut être excusé par des *raisons politiques*. Un seul homme ne peut se substituer arbitrairement à la société tout entière et se considérer comme son *justicier*. Ces violences criminelles n'ont jamais fait triompher une juste cause, elles ne pourraient que la faire rétrograder.

En un mot le droit de légitime défense doit être réduit autant que possible et ne doit pas excuser des homicides inutiles pour notre stricte défense.

§ 4. — Respect de la liberté humaine.

246. Liberté des actions. — Après la vie et au même titre que la vie même, ce qui est sacré c'est la *liberté de la personne morale*, et il ne s'agit pas seulement de cette liberté intérieure, de ce libre arbitre que personne ne peut ravir, mais de la *liberté d'action*, de la libre manifestation de notre activité au dehors. C'est pourquoi l'*esclavage* est une des injustices les plus graves et les plus profondes qu'on puisse concevoir.

247. L'esclavage. — Les philosophes anciens ont pour la plupart accepté l'*esclavage* comme une *nécessité sociale* et ils n'en ont pas senti l'injustice. Aristote va plus loin, il cherche à le *justifier*, et les arguments qu'il emploie ont toujours été répétés depuis par les partisans de l'esclavage.

L'esclavage, disait-il, est *nécessaire* dans une cité : si des hommes d'une *race inférieure* ne faisaient pas le travail manuel, personne ne pourrait se livrer aux études désintéressées et supérieures. « Il n'y aura plus d'esclaves, disait-il sans savoir qu'il prévoyait si bien les machines modernes, quand les métiers à tisser marcheront tout seuls et quand les trirèmes avanceront sans rameurs ». On a depuis bien souvent constaté que le *travail servile* est infiniment moins producteur que le *travail libre* et que la *liberté du travail* n'entrave pas l'essor des arts et des sciences.

Les esclaves, disait-il encore, sont des *vaincus* dans les guerres, et comme on avait le droit de les tuer on leur a fait une grâce en leur prenant seulement la liberté. Montesquieu a fait justice de ce sophisme : « Il n'est pas permis de tuer dans la guerre sauf le cas de nécessité, mais dès qu'un homme en fait un autre esclave on ne peut pas dire qu'il ait été dans la nécessité de le tuer puisqu'il ne l'a pas fait. » Le même auteur raille aussi les autres arguments qui considèrent l'esclavage comme le résultat d'une *vente*, et qui expliquent cette triste condition par l'*infériorité des races* qui y sont soumises. « La vente suppose un prix; l'esclave se vendant, tous ses biens entreraient dans la propriété du maître, le maître ne donnerait rien, l'esclave ne recevrait rien. » « Le sucre serait trop cher, si on ne faisait pas travailler la plante qui le produit par des esclaves... Ceux dont il s'agit sont noirs depuis les pieds jusqu'à la tête, et ils ont le nez si écrasé qu'il est impossible de les plaindre. On ne peut se mettre dans l'esprit que Dieu qui est un être très sage ait mis une âme et surtout une âme bonne dans un corps tout noir... Une preuve que les nègres n'ont pas le sens commun, c'est qu'ils font plus de cas d'un collier de verre que de l'or qui chez les nations policées est de si grande importance. » Ces railleries et toutes les discussions des *philosophes du 18e siècle* sont venues compléter la campagne déjà entreprise dans l'antiquité par les *stoïciens* et ont contribué à diminuer beaucoup dans l'univers l'esclavage proprement dit.

248. **Le servage.** — Le servage est un esclavage atténué. Tandis que l'esclave est une chose qu'on peut vendre à son gré comme un meuble ou un animal, le *serf* est *attaché à la glèbe*, par suite il n'est *vendu qu'avec la terre* et il est assuré de vivre avec les siens et de mourir sur le sol où il est né. La condition du serf était moins misérable mais cependant inique. Il était assimilé à un *objet matériel*, possédé et vendu par un autre homme. Les dernières traces du servage ont été effacées en France par la Révolution de 89 et en Russie par l'empereur Alexandre II (*) en 1861.

249. Les abus de pouvoir. — Malheureusement, peut-on dire que rien ne subsiste plus aujourd'hui de l'ancien esclavage ? L'*ouvrier* d'aujourd'hui est-il absolument libre quand il accepte un travail et le salaire qu'on lui propose ? N'est-il pas forcé par la misère à accepter des conditions humiliantes ou un salaire inférieur ? Sans doute la domination des hommes les uns sur les autres a diminué, mais la civilisation doit faire encore bien des progrès avant que les abus de pouvoir aient disparu.

CHAPITRE VI.

Respect de la personne dans ses croyances et ses opinions ; liberté religieuse et philosophique ; tolérance.

§ 1. — Respect des Personnes dans leur Sensibilité.

250. Les égards. — Le respect des personnes ne s'adresse pas seulement à leur vie matérielle, mais encore à tout ce qui constitue leur *esprit*, à *leur sensibilité* et à *leur intelligence*. Nous devons respecter les personnes dans leur sensibilité, c'est-à-dire éviter soigneusement tout ce qui pourrait leur causer une *souffrance*. Or les hommes n'ont pas seulement des souffrances physiques, mais encore des *souffrances morales*. Nous ne devons pas seulement leur épargner les *mauvais traitements* qui les feraient souffrir physiquement, mais nous devons encore prendre des précautions pour ne pas blesser leur *sensibilité morale*. La *politesse*, le *tact*, consistent à tenir compte des goûts, des préférences des personnes qui nous environnent, à avoir des *égards* pour leurs habitudes et même pour leurs faiblesses. Nous ne devons exposer et réclamer nos propres droits qu'avec modération et délicatesse et nous montrer disposés à nous incliner devant les droits d'autrui.

251. Respect des personnes dans leur honneur. — Les hommes vivent en société et *ils ont besoin de la société pour vivre* ; les dispositions que les autres hommes ont à notre égard jouent un rôle considérable dans notre existence. Suivant que les hommes qui nous entourent nous estiment ou nous méprisent; suivant qu'ils ont pour nous de l'affection ou de la haine, notre vie est facile ou difficile, agréable ou pénible. *L'honneur* d'un homme ne consiste donc pas seulement dans sa propre vertu, dans le mépris de tout ce qui est vil et bas, il consiste encore dans la *bonne opinion* que les autres hommes ont de lui, dans la *réputation* de mérite intellectuel, d'honnêteté et d'intégrité qu'il a acquise auprès des personnes qui l'entourent. C'est causer un préjudice grave, c'est attenter à la personne humaine que de modifier cette opinion des hommes à son égard. On peut attaquer cet honneur, cette réputation des hommes par des *outrages*, des *calomnies*, par la *médisance* et la *délation*.

Outrager un homme, c'est lui témoigner ouvertement devant des témoins le mépris que l'on a pour lui. Cette expression publique peut être quelquefois légitime, elle est mauvaise quand elle est exagérée ou injuste, quand elle est inspirée par la colère ou par l'envie.

252. La calomnie. — *Calomnier*, c'est, *avec l'intention de nuire, accuser une personne de torts dont elle est innocente.* Sans doute, il semble que l'accusé s'il est innocent doit toujours pouvoir se disculper. Mais la discussion de ces accusations ne se fait pas dans le public avec autant de précision que devant un tribunal. On ne peut pas examiner avec rigueur la vérité de telle ou telle *insinuation* et la calomnie réussit toujours à faire un tort considérable. « Calomniez, calomniez, disait Beaumarchais (*), il en reste toujours quelque chose » et il ajoutait dans un morceau célèbre la description de la calomnie, de ses progrès lents et terribles.

« La calomnie, messieurs, dit un personnage d'une comédie de Beaumarchais, vous ne savez guère ce que vous dédaignez; j'ai vu les plus honnêtes gens près d'en être accablés : croyez qu'il n'y a pas de plate méchanceté, pas d'horreur, pas de conte absurde qu'on ne fasse adopter aux oisifs d'une grande ville, en s'y prenant bien... « D'abord un bruit léger, rasant le sol, comme une hirondelle avant l'orage. Telle bouche le recueille et, piano, piano, vous le glisse en l'oreille adroitement; le mal est fait, il germe, il rampe, il chemine et, rinforzando, de bouche en bouche, il va le diable; puis, tout à coup, ne sais comment, vous voyez la calomnie se dresser, siffler, s'enfler à vue d'œil; elle s'élance, étend son vol, tourbillonne, enveloppe, arrache, entraîne, éclate, tonne et devient un cri général, un crescendo public, un chorus universel de haine et de proscription. »

La calomnie est d'ordinaire inspirée par les motifs les moins avouables, la basse jalousie, l'orgueil blessé, de misérables rancunes. C'est un acte odieux et lâche qui frappe en dessous sans oser attaquer ouvertement.

253. La médisance. — La médisance consiste à *dévoiler des fautes ou des torts véritables*, elle attaque l'honneur des hommes mais elle ne se complique pas de mensonge. Il est souvent ridicule et coupable de s'ériger ainsi en justicier et de condamner sans nécessité la conduite des autres ; c'est encore un moyen détourné de leur nuire et de les blesser dans leur réputation.

La *délation* est plus basse car elle consiste à *dévoiler une faute à ceux qui peuvent ou qui doivent la punir*. Le plus souvent de pareilles délations sont loin d'être désintéressées et le délateur cherche à nuire et à profiter du malheur d'autrui.

En général il ne faut pas préjuger trop facilement le mal chez les autres, ce genre de défaut est ce qu'on appelle les *jugements téméraires*. Ils nous conduisent trop facilement à la médisance et à la calomnie. Toutes ces fautes sont le plus souvent inspirées par l'*envie*, cette sœur de la haine comme l'appelle Charron (¹). C'est un regret du bien que les autres possèdent qui nous ronge le cœur et tourne le bien d'autrui en notre mal, elle nous rend sombres et malheureux et nous enlève le respect que nous devons avoir de la personne d'autrui.

§ 2. — Respect des Personnes dans leur Intelligence.

254. Le mensonge. — L'intelligence des hommes cherche naturellement *la vérité* ; c'est lui nuire gravement que de s'opposer à cette recherche, de retarder ou d'empêcher la connaissance de ce qui est vrai. Les hommes ont confiance les uns dans les autres et ils s'instruisent mutuellement par le *langage*. La société repose essentiellement sur cette présomption tacite que chacun dit ce qu'il pense ; le mensonge est donc un véritable dissolvant de la vie sociale en même temps qu'un outrage à l'intelligence des hommes que nous devons respecter.

255. La liberté de penser. — Les hommes ont aussi le devoir de *chercher la vérité par eux-mêmes*, avec leur propre raison. Nous ne devons accepter comme vrai, disait Descartes, que ce qui nous paraît évidemment être tel. La croyance est donc un acte d'adhésion libre de notre volonté et de notre sentiment à des opinions que notre intelligence a bien comprises. Il est donc inutile et coupable de chercher à imposer aux autres nos opinions par la force. Cette violence n'amènerait que des expressions *hypocrites* mais ne transformerait pas les croyances, elle est en opposition avec la nature des intelligences et avec leur devoir de chercher librement ce qui est vrai. Il faut renoncer dans ces questions à distinguer les *opinions vraies et les opinions fausses*, les opinions saines et honnêtes (ce sont toujours les nôtres que nous appelons ainsi) et les opinions dangereuses. Il n'y a d'opinions dangereuses que celles qui portent atteinte aux droits des personnes et à la justice, et parmi celles-là figure au premier rang cette prétention même d'exercer l'intolérance au nom des doctrines bonnes contre les mauvaises.

256. Liberté de conscience. — Parmi les opinions les plus respectables sont au premier plan les *opinions religieuses et morales*. Ces opinions ne dépendent que de la *conscience* et notre ignorance est telle sur ces matières qu'il serait bien puéril de chercher à modifier sur ce point les opinions des autres pour leur imposer à la place des croyances qui ne seraient pas supérieures. Les opinions religieuses n'ont de valeur que par leur *sincérité* et il ne faut pas altérer ce caractère par des *persécutions* criminelles.

Cette *tolérance* doit s'appliquer aussi aux opinions philosophiques et scientifiques, puisque dans ces matières les hommes ne peuvent trouver la vérité que par les efforts de leur *libre pensée*. Cette tolérance d'ailleurs ne se confond pas avec l'*indifférence*. Nous avons le droit de chercher à répandre nos idées, mais il faut les soumettre à une *libre discussion* qui ne peut d'ailleurs que les perfectionner et les rendre plus utiles et plus vraies.

La tolérance ne s'adresse pas seulement aux idées des hommes mais encore aux *manifestations* de ces idées, soit par des cérémonies religieuses, soit par des paroles, soit par des écrits. Nous devons permettre aux opinions de se manifester pour qu'elles puissent lutter contre les nôtres et nous instruire nous-mêmes s'il y a lieu. Mais cette liberté de manifestation est évidemment soumise à des lois nécessaires. La manifestation d'une croyance ne doit pas être excessive ni porter atteinte aux droits des individus, ni au respect qui est dû aux croyances opposées.

CHAPITRE VII.

Respect de la personne dans ses biens. Principe de la propriété.

§ 1. — LE DROIT DE PROPRIÉTÉ AU POINT DE VUE MORAL.

257. Définition de la propriété. — « La propriété, dit le Code civil, est le *droit de jouir et de disposer* des choses de la manière la plus absolue, pourvu qu'on n'en fasse pas un usage prohibé par les lois ou les règlements ». (Art. 544.) « Le droit de propriété, disait la Constitution de 93, est celui qui appartient à tout citoyen de jouir et de disposer à son gré de ses biens, de ses revenus, du fruit de son travail et de son industrie ». (Art. 8.) D'une manière générale la propriété c'est le *droit de jouir à l'exclusion des autres* d'une chose matérielle. Ce droit a été sans cesse vivement discuté, il nous faut voir quelle est son origine et sa justification avant d'étudier les conséquences morales qui en dérivent.

258. Le droit de propriété fondé sur le besoin. — On a attribué au droit de propriété plusieurs *fondements* qui n'ont pas tous une grande valeur. 1° On a souvent dit que les *besoins* des hommes leur donnent un droit sur les choses nécessaires à la satisfaction de ces besoins. D'abord quelles sont les choses dont on a besoin ? Qui peut en fixer la limite ? S'agit-il des goûts intellectuels, artistiques ou seulement des besoins physiques, et même, quand il s'agit de ceux-ci, où est la différence précise entre le nécessaire et le superflu ?

Supposons même la propriété réduite au strict nécessaire, elle ne serait pas encore justifiée par le besoin. Sans doute un homme qui serait tout seul dans une île déserte aurait droit aux fruits de la terre qui lui sont nécessaires. Mais que devient ce droit quand les habitants sont nombreux et que les besoins des uns viennent limiter ceux des autres ? On ne parle pas de propriété le plus souvent pour des biens qui, comme l'air et l'eau, existent en abondance; mais il y a une quantité restreinte de blé, et si tous prétendent en avoir besoin, qui donc a le droit de la posséder à l'exclusion des autres ? Le besoin justifie ce droit général de l'humanité sur les objets matériels, mais ne justifie pas le *droit particulier d'un de ses membres* sur un de ces objets.

259. Le droit du premier occupant. — La différence entre les hommes qui fonde le droit de l'un d'eux sur un bien dont tous ont besoin, c'est, dit-on, qu'il s'en est *emparé le premier*. Le *premier occupant*, voilà le véritable propriétaire.

L'occupation est un fait qui ne peut résulter que de la *force* et du *hasard* : si elle résulte de la force, où est le droit ? Si du hasard, où est le mérite ? Le hasard est un fait extérieur, une rencontre fortuite, il ne change rien à l'individu et à sa valeur. Un *droit*, c'est une *liaison intelligible entre une personne, une jouissance ou une peine* : or le *hasard* est précisément l'*absence de lien ou de raison entre deux faits*. Nous ne considérons pas comme un misérable celui qu'un malheur subit vient frapper, dont un incendie brûle les récoltes ou qu'une maladie fait mourir, pourquoi faire un mérite à celui que le sort vient combler de bienfaits ? Partout où nous verrons le hasard dans la répartition des biens de ce monde, il peut y avoir une loi nécessaire et inévitable, mais il n'y a pas un droit moral.

260. Le droit de propriété fondé sur le travail. — Le droit de propriété semble plus simple quand on considère des objets qui ont été fabriqués par l'industrie humaine. Le blé n'aurait pas poussé, si la terre n'avait été défrichée, labourée, ensemencée ; n'est-il pas naturel que le blé appartienne à celui qui l'a semé et l'a récolté? Sans le cultivateur, le blé n'existerait pas, il dépend donc du cultivateur, il est son *œuvre*, sa chose, et il est juste que celui-ci en soit le *propriétaire*. Cet argument est le plus important et le plus sérieux que l'on ait invoqué, il justifie dans bien des cas la *propriété acquise par l'effort et le travail*.

Malheureusement, on ne peut pas dire que la justification morale soit absolument complète dans tous les cas. Sans compter les fortunes qui n'ont pas été édifiées par le travail, il n'est pas démontré que le travail à lui seul puisse produire une propriété. Il faut que ce travail s'exerce sur une matière que l'homme n'a pas créée et qu'il possède par occupation ou par hasard. L'importance de cette matière première est considérable, c'est la fertilité du sol, la douceur du climat, la richesse d'une mine qui font que le travail des uns est fécond et que le travail des autres est stérile.

261. Distinction de l'utilité et de la valeur. — Un économiste français, Bastiat (*), a essayé de résoudre la difficulté. Il distingue dans les objets, c'est-à-dire dans les propriétés, deux choses, leur *utilité* et leur *valeur*. Leur utilité est le *pouvoir qu'elles ont de satisfaire des besoins humains*, leur *valeur c'est le nombre de services qu'elles ont coûté* pour être amenées à cette utilité. Or l'homme, selon Bastiat, ne possède jamais que la valeur et non l'utilité. Il ne peut jamais faire payer que les efforts mis dans l'objet, il donne le reste, la matière, l'utilité en sus et gratis. Quand on dit : un seau d'eau vaut cinq sous, c'est une expression impropre, l'eau ne vaut rien du tout, mais on ne paye par là que la peine du porteur d'eau ; de même en grand pour les produits de l'agriculture, on ne paye que le travail, le blé est donné en sus.

Est-il bien vrai que la valeur d'une chose dépende du travail seul ? A ce compte, toute chose qui a coûté beaucoup de travail aurait une grande valeur, et on sait qu'il n'en est pas ainsi. Un livre peut avoir coûté grande peine et ne pas se vendre. Quand un berger australien ramasse une pépite d'or dans la montagne, il ne dépense aucun travail, et cet or a autant de valeur qu'un autre en proportion de son poids. La valeur d'une perle dépend-elle du travail qu'il faut pour la chercher au fond de la mer ? Non, car la nacre que rapporte le plongeur demande autant de travail et n'a aucune valeur. Si c'était simplement une question de travail, un pêcheur qui rapporterait une pierre ou une coquille du fond de la mer pourrait demander un prix fort élevé, car il a plongé pour l'avoir. Vous possédez un terrain, on fait une route à côté, il double de valeur. Vous achetez des obligations de 400 fr., elles se revendent 4.000, c'est le hasard et non le travail qui vous enrichit. Bastiat le reconnaît lui-même : « C'est le cas du Clos Vougeot, dit-il, c'est le cas de l'homme qui a trouvé un diamant, qui possède une belle voix ou une taille à montrer pour cinq sous », qu'est-ce que tout cela sinon le *hasard*, l'antipode d'un droit?

Sans doute, la personne qui est favorisée du hasard n'est pas coupable pour cela, elle peut répondre que les autres n'ont pas plus de droit qu'elle sur ce bien, qu'elle possède par le sort; mais les autres qui en sont privées ne voient pas dans le hasard une raison suffisante pour laisser toujours cette propriété dans les mêmes mains. Ces réclamations amènent des guerres perpétuelles entre les individus et entre les États, car la propriété est aussi répartie entre eux par le hasard et ils ne veulent pas toujours le tolérer.

§ 2. — Le droit de propriété au point de vue économique.

262. La propriété commune et la propriété privée. — Si le travail ne justifie qu'incomplètement le droit de propriété individuelle, pourquoi ce droit est-il reconnu par toutes les nations civilisées? Ce sont des *raisons économiques* qui viennent compléter ce droit, et nous les comprendrons en parcourant les *modifications successives que ce droit a présentées* dans l'histoire.

Au début, chez l'homme comme chez l'animal, la *possession* existait, mais non la *propriété*. Sans doute le sauvage possède la proie qu'il a prise, c'est-à-dire qu'il la mange, mais s'il la conserve trop longtemps et s'il n'a pas la force nécessaire pour la défendre, ses concitoyens ne se feront pas un crime de la lui enlever par la violence ou par la ruse.

Plus tard, sous le *régime pastoral*, la notion de la propriété commence à poindre. Elle s'attache par exemple à l'espace que les troupeaux de chaque tribu parcourent habituellement et l'on sait que déjà des querelles fréquentes éclatent au sujet des limites de ce parcours. Mais cette propriété, si elle existe, est *commune*; elle appartient à toute la tribu et l'idée qu'un individu isolé pourrait réclamer une partie du sol comme exclusivement à lui ne vient à personne.

Peu à peu une partie de la terre est momentanément mise en culture et le *régime agricole* s'établit, mais le territoire que le clan ou la tribu occupe demeure sa propriété commune. Tout le pâturage, la terre labourable, la forêt, est exploité en commun. Plus tard, nouveau progrès : la terre cultivée est divisée en lots, ceux-ci sont répartis entre les familles par la voie du sort, l'usage temporaire est seul attribué ainsi à l'individu. Le fonds continue à rester la propriété collective du clan à qui il fait retour de temps en temps, afin qu'on puisse procéder à un nouveau partage. C'est le système en vigueur aujourd'hui dans la commune russe. C'était, au temps de Tacite (*), celui de la tribu germanique. Par un nouveau progrès de l'*individualisation* les parts restent aux mains des familles *patriarcales*, occupant la même demeure et travaillant ensemble pour l'avantage de l'association, comme en Italie, en France au moyen âge et en Serbie actuellement.

Enfin apparaît la *propriété individuelle et héréditaire*, mais elle est encore engagée dans les mille entraves des droits suzerains, des fidéi-commis, des baux héréditaires, enfin soumise à mille *restrictions* ou servitudes. Ce n'est qu'après une dernière évolution parfois très longue qu'elle se constitue définitivement et arrive à être ce *droit absolu, souverain, personnel*, que définit le code civil et que seul nous comprenons aujourd'hui.

263. Progrès de l'industrie et progrès de la propriété privée. — Ce passage de la propriété commune indivise à la propriété personnelle s'est opéré dans tous les pays et à toutes les époques, il semble qu'il y ait là une loi fatale à laquelle les peuples ne sauraient échapper. Tout en restant encore dans l'histoire, cherchons s'il n'y a pas d'autres faits simultanés, des *raisons* qui expliquent ce mouvement général.

Remarquons que ce progrès ne s'est pas accompli tout seul, il a été accompagné par une autre évolution. Les procédés d'exploitation se sont modifiés à mesure que la propriété s'est dégagée de la communauté et en se modifiant ils se sont perfectionnés.

Ces progrès parallèles de l'industrie, de la richesse publique et de la propriété individuelle peuvent s'expliquer si on considère les *conditions de la production* et les *nécessités du travail humain*.

264. Condition du travail, la responsabilité individuelle. — La seule chose qui excite et qui encourage réellement le travail des hommes, c'est la *responsabilité personnelle*. On se préoccupe d'une précaution à prendre, d'un travail à accomplir quand on doit *en recevoir soi-même la récompense* ; on hésite devant une négligence ou une faute quand on doit *soi-même en supporter la punition*. Mais dans le système de la *propriété commune*, la *responsabilité* n'est pas personnelle, elle est *commune*. Si nous sommes mille dans une commune, j'aurai beau travailler, je ne toucherai que la millième partie de la récompense, j'aurais beau tout négliger et ne rien faire, je ne subirai que la millième partie de la punition. Or on ne tient pas grand compte d'un millième de récompense et d'un millième de punition et on fait, en somme ce que l'on préfère, c'est-à-dire le moins possible.

Devant ce danger, la commune intervient. Elle *contraint* chacun de ses membres à faire sa part de travail, elle le surveille, elle le punit s'il y manque et voilà un peuple d'esclaves qui ne travaille que sous la menace et qui tremble devant la communauté dont il fait partie. Mais ce travail *forcé et servile* n'est pas productif : lorsqu'un travail est imposé par la force, et ici il faut qu'il le soit, on cherche toujours et on parvient souvent à l'éviter et en tous les cas on le fait aussi mal que possible.

Il est facile de comparer, et des économistes l'ont fait, le travail des esclaves anciennement employés en Amérique et le travail des ouvriers européens, les seconds produisent dix fois plus que les premiers.

265. **L'initiative et le progrès.** — Ce qui manque surtout dans le travail contraint qui doit profiter non pas à l'individu mais à la communauté, c'est *l'initiative et le progrès*. Le progrès a deux caractères qui ne se concilieront jamais avec la communauté. Il est *isolé* et *incertain*, aléatoire. Il est isolé, car du moment que c'est un progrès et qu'il sort de la routine, il ne peut pas être exécuté par tout le monde ; alors pourquoi m'imposer un travail nouveau et difficile quand je sais que les autres ne le feront pas et que les bénéfices en seront cependant partagés ? Il est *incertain*, car toute innovation n'est pas certaine du succès. Si l'on travaille seul pour soi, seul on s'expose courageusement aux échecs, mais si on fait sa part d'une œuvre commune, on n'a pas le droit de la manquer ; nul ne peut nous contraindre à faire mieux que les autres, mais on peut nous contraindre à faire aussi bien et la communauté même nous interdit toute tentative hasardeuse. Travail mou et lâche, travail forcé, travail immobile et stationnaire, voilà ce que produit la propriété commune, voilà la raison des imperfections que nous avons reconnues et qu'elle ne pourra pas éviter.

266. Les effets économiques de la propriété individuelle. — Au contraire voyez les résultats de la *propriété privée* qui amène avec elle *le travail, la liberté et le progrès*. « Dans toute l'Europe occidentale, dit un admirateur de la commune russe, M. de Laveleye (*), on peut admirer les prodiges accomplis par la propriété privée, tandis qu'en Russie l'agriculture en est restée aux procédés d'il y a deux mille ans. Une lieue carrée par individu est la superficie généralement indispensable pour fournir de chétifs moyens d'existence, tandis que chez les nations qui pratiquent l'agriculture savante sous le régime de la propriété privée, le même espace de terrain peut faire vivre dans une abondance relativement incomparable deux mille personnes. » Ce qui est remarquable, comme le montre Bastiat, c'est que les heureux résultats de la propriété sont *communs* tandis que la propriété ne l'est pas. Supposez que le plus pauvre des ouvriers veuille faire transporter un fardeau de 20 kilos de Paris à Marseille, il pourra le faire faire pour 3 ou 4 francs, équivalent d'une de ses journées de travail. Il fait donc en une journée de travail ce qu'un ouvrier du moyen âge n'aurait pas pu faire en 300. Le progrès n'a pas été fait par lui, mais par d'autres, des physiciens, des mécaniciens, des ouvriers. Tous ces gens-là n'auraient pas travaillé, n'auraient pas osé s'ils n'avaient possédé des capitaux, s'ils n'avaient espéré en acquérir. Et cependant qui profite aujourd'hui de leurs travaux ? Notre pauvre journalier et avec lui tout le monde. Se fier au dévouement des hommes n'aboutit à rien : la vraie politique doit faire servir l'égoïsme de chacun à l'utilité de tous.

Voilà pourquoi nous avons vu dans tous les pays du monde le même mouvement se produire ; on possédait la communauté, peu à peu on l'a trouvée insupportable. Cette institution convenait à l'état stationnaire des époques primitives, elle n'a pu résister quand les hommes ont voulu améliorer leur sort.

267. Nature du droit de propriété. — La propriété est avant tout *une question toute matérielle*, une question d'administration.

La terre appartient en théorie à tous les hommes, c'est entendu, mais de quelle façon cette terre produira-t-elle davantage pour nourrir les hommes ? Comment doit-on gérer le domaine commun de l'humanité pour en tirer le plus de bé-

11

néfices? Voilà la question que les peuples ont prétendu résoudre en choisissant la propriété privée, et les progrès de l'industrie moderne ne prouvent pas qu'ils se soient trompés. Il faut que la terre nourrisse le plus d'hommes possible, et c'est pourquoi la propriété s'impose, comme une condition de la vie humaine, comme une nécessité sociale, ce qui est son premier et peut-être son principal fondement.

Si la répartition de la propriété n'est pas parfaitement juste ni tout à fait d'accord avec le mérite et le travail des hommes, nous ne devons pas en être trop surpris. La *justice parfaite* n'existe pas sur terre, le *bonheur matériel* n'est pas toujours d'accord avec la *vertu*. L'*inégalité des fortunes* n'est pas plus surprenante que les *inégalités de force, de beauté et de santé*. Les hommes doivent supporter ces *inégalités inévitables* et en même temps faire tous leurs efforts pour les diminuer. Aujourd'hui d'ailleurs, l'instruction populaire et gratuite, les assurances contre les divers fléaux, les assistances de mille espèces contribuent sans cesse à amoindrir l'injustice dans la répartition des richesses. Le riche doit aussi se faire absoudre aux yeux du moraliste par la *bienfaisance* largement pratiquée, par la charité intelligente et généreuse.

268. Le vol. — La propriété étant reconnue comme inviolable pour des raisons morales et économiques, tout attentat contre elle est flétri sous le nom de *vol* et de *fraude* quand il se dissimule par la ruse. Tous les attentats à la propriété, dit le Code pénal, sont punis suivant la gravité des cas, de la prison, de la réclusion, des travaux forcés à temps, des travaux forcés à perpétuité. La *probité* est le respect scrupuleux des droits d'autrui, le souci constant de ne pas léser les intérêts de nos semblables.

269. L'héritage. — Le droit de propriété entraîne une conséquence importante, c'est le droit de donner et surtout le droit de *tester*, de *léguer* à un autre la propriété par *testament*. Ce droit, comme le précédent, a ses raisons morales et sociales. Il est *juste* que celui qui a acquis des richesses par son travail *en fasse profiter qui il lui convient*. Ce droit laissé au propriétaire présente aussi un *avantage économique*, car il l'encourage puissamment *à continuer son travail* au moment où il ne peut plus en tirer un grand bénéfice pour lui-même. L'homme continue même dans sa vieillesse à vivre avec économie, pour rendre son travail plus productif afin de laisser à ceux qu'il affectionne un peu plus de bien-être.

Ce droit de tester présente cependant quelques *restrictions*: un homme, par exemple, ne peut entièrement déshériter ses enfants qu'il s'est engagé à nourrir et à protéger. Le *droit d'aînesse* autrefois reconnu, créait un privilège que la raison condamne, car tous les enfants ont les mêmes droits. Ce *partage* même de la richesse du père entre tous ses enfants contribue à subdiviser et à égaliser les propriétés.

CHAPITRE VIII.

La justice et la charité. Formes diverses de la charité. Le dévouement.

§ 1. — NATURE DE LA CHARITÉ.

270. Distinction de la justice et de la charité. — Un éminent écrivain, Victor Cousin (*), dans ses *leçons sur le Vrai, le Beau et le Bien*, donnait une description éloquente de la charité. « Quand nous avons respecté la personne des autres, que nous n'avons ni contraint leur liberté, ni étouffé leur intelligence, ni maltraité leur corps, ni attenté à leur famille ou à leurs biens, pouvons-nous dire que nous avons accompli toute la morale à leur égard? Un malheureux est là souffrant devant nous. Notre conscience est-elle satisfaite si nous pouvons nous rendre le témoignage de n'avoir pas contribué à ses souffrances? Non, quelque chose nous dit qu'il est *bien* encore de lui donner du pain, des secours, des consolations. Et cependant, cet homme qui souffre, et qui va mourir peut-être, n'a pas le moindre *droit* sur la moindre partie de notre fortune, fût-elle immense; et s'il usait de violence pour nous arracher une obole, il commettrait une faute. Nous rencontrons ici un nouvel ordre de devoirs *qui ne correspondent pas à des droits*. L'homme, nous l'avons vu, peut recourir à la force pour faire respecter ses droits, il ne peut pas imposer à un autre un sacrifice, quel qu'il soit. La justice *respecte* ou *restitue*, la charité *donne*. On ne peut pas dire qu'il ne soit pas *obligatoire* d'être charitable !

mais il s'en faut que cette obligation soit aussi précise, aussi inflexible que la justice. La charité c'est le *sacrifice*; or qui trouvera la règle du sacrifice, la formule du renoncement à soi-même ? Pour la justice la formule est claire, respecter les droits d'autrui. Mais la charité ne connaît ni règles, ni limites. Elle surpasse toute obligation ; sa beauté est précisément dans sa *liberté*. »

Il est facile de relever dans cette description les caractères principaux de la *charité* et les traits qui la distinguent *des devoirs de justice*. La justice c'est la loi du *respect*, elle est *négative* et *prohibitive*, elle se borne à nous défendre de léser autrui ; la charité c'est la loi de l'*amour* (χάρις, amour), elle *ordonne de faire*, d'agir. « Ne faites pas à autrui ce que vous ne voudriez pas que l'on vous fît, dit la première, *faites à autrui ce que vous voudriez que l'on vous fît*, dit la seconde. » La justice comme on l'a vu correspond à des *droits*, elle est *obligatoire et exigible*; la charité ne correspond pas à des droits; si elle est *obligatoire pour celui qui donne, elle n'est pas exigible pour celui qui reçoit*. La justice est *précise* et stricte ; si on a reçu un franc on doit rendre un franc, la charité n'est pas déterminée d'avance, elle est *libre* et peut donner lieu aux plus belles *inventions* morales

271. Accord de la justice et de la charité. — La *charité* cependant *n'est pas indépendante de la justice*, elle la suppose et vient après elle : avant de faire la charité il faut savoir respecter la liberté et les droits d'autrui. Mais la charité *complète la justice* qui, sans elle, serait trop sévère et même inique, « *summum jus, summa injuria* ». « La justice, disait Aristote, est semblable à une règle de fer qui ne donne qu'une mesure inflexible, la charité est semblable à la règle de plomb dont se servaient les Lesbiens et qui, en se pliant aux accidents de la pierre, en suivait les formes et les contours. » Supposez deux hommes travaillant avec autant de zèle l'un que l'autre, le tonnerre ou l'incendie brûle la maison de l'un, tandis que l'autre s'enrichit. Au point de vue de la stricte justice nous n'avons pas à nous en occuper ; mais cependant si nous n'intervenons pas, nous laissons subsister une injustice. La charité consiste donc non seulement à respecter la justice, quand elle existe, mais à chercher à la faire régner quand elle n'existe pas.

272. Origine des devoirs de charité. — Quelle est

l'origine et la raison de ces nouveaux devoirs de charité ? C'est d'abord le *sentiment de sympathie* que nous éprouvons pour nos semblables, la souffrance que nous éprouvons à les voir souffrir, et le désir naturel de les soulager. Mais un sentiment ne fournit pas le fondement rationnel du devoir.

On a dit aussi que la charité était un *corollaire de nos devoirs personnels* et que nous faisions la charité pour nous ennoblir nous-mêmes. « Les hommes, répond M. Paul Janet, ne sont pas plus destinés à servir à notre grandeur morale qu'à nos plaisirs. Ce n'est pas être charitable que de faire du bien aux pauvres, uniquement pour être charitable, ou encore de vouloir qu'il y ait des pauvres afin qu'on ait occasion d'être charitable. *La vraie charité est celle qui voudrait qu'il n'y eût pas d'occasion pour elle de s'exercer.* »

La charité dépend en réalité du même principe que la justice, de ce principe qui fait de l'*humanité une fin en soi* et qui donne à l'homme une valeur supérieure à celle de toute autre chose. Nous pouvons manifester de deux manières différentes l'admiration que nous avons pour une chose, par exemple le culte des beaux-arts amène deux actions différentes. D'abord, nous nous garderons bien de *détruire*, de souiller un tableau de grande valeur ; puis notre goût artistique nous rendra plus actif, nous voudrons *faire nous-mêmes* des œuvres d'art ou du moins aider ceux qui les font, *encourager* les écoles et les musées. Il en est de même pour l'humanité, nous ne nous bornons pas à la respecter, mais puisqu'elle a à nos yeux une valeur absolue, nous voulons, par tous les moyens en notre pouvoir, la défendre, la développer, *l'aider dans la réalisation de sa fin.* Sans doute, nous ne pouvons pas et ne devons pas forcer les hommes à être vertueux, mais, comme le dit M. Paul Janet, « nous pouvons fournir aux autres hommes l'occasion de devenir vertueux et leur procurer la matière de la vertu. Donner à un homme de bons conseils, une bonne éducation, de bons exemples, c'est travailler à sa perfection en lui fournissant les conditions de la vertu sans être vertueux à sa place ; et même soulager les misères de ses semblables, les consoler, les aider de notre argent et de notre amitié, c'est encore, en travaillant à leur bonheur, concourir à leur perfection, car les moyens d'action que je mets par là entre leurs mains sont pour eux les conditions et les stimulants du développement de leurs facultés. »

§ 2. — LES DIVERS DEVOIRS DE CHARITÉ.

273. Echelle des devoirs. — Le même auteur nous indique l'échelle des devoirs qui *de la stricte justice nous conduit à la charité la plus élevée*. « Supposons qu'il s'agisse d'un certain bien ou d'un certain mal qui restera invariable dans tous les cas suivants, nous devons d'abord : 1° ne pas rendre le mal pour le bien ; 2° ne pas faire de mal à ceux qui ne nous ont pas fait de mal ; 3° ne pas rendre le mal pour le mal ; 4° rendre le bien pour le bien ; puis quand les devoirs de charité commandent : faire le bien à ceux qui ne nous ont fait ni bien ni mal et même rendre le bien pour le mal. »

274. Les devoirs positifs. Le dévouement. — Pour préciser la nature de ces devoirs, nous dirons qu'à *chaque devoir de justice simplement négatif correspond un devoir positif de charité*. La justice nous défend de porter atteinte à la vie de nos semblables, la charité nous ordonne de *sauver leur vie*, quand elle est menacée. Quand nous devons exposer notre propre vie ou les biens auxquels nous tenons le plus pour sauver un de nos semblables, la charité devient *dévouement et sacrifice*. Le dévouement pour sauver la vie d'autrui n'est point rare ; dans les guerres, les incendies, les inondations, les naufrages, beaucoup de beaux dévouements sont fréquents et restent ignorés. Même dans le cours de la vie civile, beaucoup de professions demandent de véritables dévouements : le sergent de ville qui s'expose à se faire tuer par des malfaiteurs, le chimiste qui manie des substances dangereuses, le médecin qui s'expose à toutes les maladies contagieuses se dévouent par devoir professionnel et par charité pour leurs semblables.

275. L'aumône. — La justice nous ordonne de respecter le bien d'autrui, la charité nous commande de *donner des secours* aux pauvres, c'est ce qu'on appelle *faire l'aumône*. « Un certain nombre d'individus, dit M. Barni, vivent dans l'abondance, un plus grand nombre n'ont pas même le nécessaire, soit que le travail leur manque, soit que le salaire qu'ils retirent de leur labeur soit insuffisant pour les nourrir ou pour subvenir aux besoins de leur famille, soit que le malheur, la maladie, les infirmités de la vieillesse les aient frappés, soit enfin que le vice, la paresse, l'ivrognerie ou seulement l'imprévoyance ait été l'instrument de leur misère. Le *paupérisme* c'est la misère sévissant en masse parmi les travailleurs qu'attire et qu'emploie l'industrie et devenant en quelque sorte l'état endémique de la population ouvrière, agglomérée dans les grands centres manufacturiers. »

Nous devons aider ces malheureux à sortir de leur *misère* ; mais cette charité doit être *adroite*, il ne faut pas qu'elle devienne un *encouragement à la mendicité* par *abus de l'aumône*. La première règle, c'est non seulement de soulager la misère, mais de *travailler à la détruire* ; il faut autant que possible donner aux pauvres non des secours, mais du *travail* qui les relève et les réhabilite.

276. La générosité. — La justice nous défend d'injurier les hommes, d'attenter à leur honneur, la charité nous ordonne de les protéger contre la calomnie et la médisance, de *supporter* et de *pardonner leurs injures*. « La haine, disait Spinoza, doit être vaincue non par la haine, mais par l'amour et la générosité. »

La justice nous défend de tromper les hommes, de les empêcher de parvenir à la vérité, la charité nous ordonne de les instruire de toute vérité utile, pourvu que ce *prosélytisme* n'aille pas jusqu'à attenter à la liberté de leur conscience.

277. L'amour des hommes, la philanthropie. — Ainsi la charité complète partout la justice, mais il faut que toujours elle soit elle-même inspirée et embellie par l'*amour du prochain* sans lequel il n'y a pas de véritable générosité. « Quand même, dit saint Paul, je distribuerais mon bien pour la nourriture du pauvre, si je n'ai pas la charité, je suis comme l'airain qui résonne et la cymbale qui retentit. Et quand même je livrerais mon corps pour être brûlé, si je n'ai pas la charité, je ne suis rien. » Et Fichte (*) s'inspirait de ce passage quand il disait dans la méthode pour arriver à la vie bienheureuse : « Vous transporteriez des montagnes, vous jetteriez votre corps dans les flammes, que tout cela ne vous servirait de rien, si vous n'y êtes pas porté par la charité. »

CHAPITRE IX.

La patrie; la nation, ce qui la constitue. La puissance publique. L'État et les lois. Fondement de l'autorité publique. Le gouvernement. Devoirs et droits des gouvernants.

§ 1. — LA CONSTITUTION DE L'ÉTAT.

278. Définition de l'État. — On appelle *état* un nombre plus ou moins considérable de *familles associées entre elles pour se protéger mutuellement et soumises aux mêmes lois*. Pour comprendre la nature et le rôle de ces associations il faut chercher quelle a été l'origine et la raison d'être des états.

279. Origine de l'État. — On a bien souvent expliqué la *formation des états* par des motifs d'ordre physique empruntés à la *constitution géographique* du pays ou à la *race* de se habitants. La théorie des *frontières naturelles* prétend qu'un état est constitué par les grands obstacles naturels, montagnes ou cours d'eau qui l'isolent des peuples voisins. La théorie des *nationalités*, qui a souvent été appliquée et d'une manière fort grave dans notre siècle, veut qu'un état soit formé uniquement par des hommes de même sang : un état, par exemple, doit réunir tous les Slaves, un autre tous les Germains. Les états modernes sont-ils en fait constitués d'après ces principes ? De grands cours d'eau ne coupent-ils pas la France ? La Belgique a-t-elle des frontières naturelles ? Quel est l'état de l'Europe qui se compose d'individus de même race ? La France ne contient-elle pas des éléments Celtes, Gaulois, Germains, Latins et Grecs, etc ? D'autre part *au point de vue moral* cette *unité géographique* ou *ethnographique* n'est pas une raison suffisante pour réunir des hommes. Nous pouvons n'avoir aucun lien commun avec des hommes de même race que nous et être très liés avec des hommes de race différente que les hasards de l'histoire auront rapprochés de nous.

On a invoqué des raisons plus morales, *une communauté de langue, de religion, de mœurs, d'intérêt, une communauté* enfin *de passé historique*. Aucune de ces raisons n'est à elle seule suffisante, il serait facile de montrer des états dans lesquels telle ou telle communauté de langue ou de religion n'existe pas. D'autre part, ces raisons ne contraignent pas notre volonté et n'expliquent pas l'union morale qui caractérise une nation.

280. Le contrat social. — Une nation consiste surtout dans une *association des volontés* : les hommes forment une même patrie parce qu'ils le veulent bien ; on est de la patrie que l'on aime et dont on veut être. J. J. Rousseau a bien dit, quoique avec quelque exagération apparente, que le véritable fondement de l'état était un *contrat consenti par tous les citoyens*. On demande souvent : quand donc s'est passé ce contrat ? Quelles traces en trouve-t-on dans l'histoire ? Qui l'a signé ? Objections puériles; le contrat peut très bien exister sans avoir été formulé explicitement, il peut être *implicite*, il peut être très réel et cependant *tacite*. Or, qu'il soit réel, comment en douter ? Supprimez, en effet, dans un état la volonté commune à tous les citoyens de vivre ensemble, liés par les mêmes engagements et vous ne trouverez plus aucun principe conservateur du corps politique. La force subsiste seule ; mais c'est là un principe incertain et changeant. Et d'ailleurs qui osera soutenir que les citoyens ne soient maintenus en un corps politique que par la force ? Cela est si vrai que dans tous les états modernes on accorde à l'individu le droit de changer sa nationalité si cela lui convient. L'état est un *organisme* sans doute, mais un organisme composé d'éléments qui sont des êtres pensants et libres ; c'est un *organisme contractuel*.

281. Le patriotisme. — Cette volonté commune qui est fondamentale est inspirée par des motifs; on ne peut pas soutenir que tous les citoyens aient les mêmes motifs pour faire partie d'un même état. Les *raisons géographiques, religieuses, commerciales, politiques*, les *traditions*, les *coutumes* résultant de faits historiques déterminent les uns ou les autres. Le paysan qui est français par amour de son clocher et le philosophe qui, comme le disait Renan, est français parce qu'il connaît les gloires et les souffrances de la France, veulent tous deux faire partie du même état, mais ils ont des motifs différents. Le *patriotisme*, cet *amour réfléchi de son pays* n'est donc pas le même chez tous les hommes, il est composé par des sentiments plus bas ou plus élevés. L'enseignement des écoles fait beaucoup pour affermir et élever le patriotisme par une même *éducation nationale*; mais le patriotisme a toujours sa raison d'être dans des besoins et des sentiments naturels propres à chaque homme, sentiments qui les réunissent cependant pour collaborer à une même fin.

282. Le but de l'Etat. — Ce qu'ils désirent tous c'est une protection. Si les hommes restaient isolés, leurs droits resteraient à la merci de la violence, et l'*état de nature* serait nécessairement *un état de guerre* et d'oppression. La *société civile* ou *politique* a pour but d'empêcher ces désordres, en garantissant au moyen d'une force commune ou d'une *puissance publique* agissant d'après des *lois générales les droits de chacun* contre toute violence soit au dedans, soit au dehors.

§ 2. — Organisation de l'Etat.

283. Les clauses du contrat social. — De cette conception de l'état résulte une *organisation*; si l'état est fondé sur un contrat, on peut se demander quelles sont les *clauses de ce contrat*, c'est-à-dire quels sont les engagements mutuels de l'état et des citoyens.

Pour comprendre cette organisation, il faut d'abord résumer deux conceptions extrêmes et fausses de l'état, la vérité se trouvant dans un juste milieu.

Une théorie que l'on pourrait appeler la théorie *anarchiste* exige pour chaque citoyen une liberté absolue, la faculté de faire tout ce qui lui plaît, de prendre tout ce qui lui convient et de supprimer tout ce qui le gêne. C'est la *négation même de l'état*, qui ne peut défendre les citoyens sans leur demander quelque force, qui ne peut garantir la liberté des uns qu'en enlevant aux autres la liberté de tout faire.

284. Théorie despotique de l'Etat. — A cette conception s'oppose la théorie *autoritaire* ou *despotique*. M. Secrétan (*) résume ainsi cette théorie : « Ici *la liberté absolue est ôtée à l'individu et conférée à l'ensemble*. Quant à la liberté de l'individu, elle consistera simplement à concourir par son suffrage (directement pour Rousseau, qui n'admet pas le système représentatif) à des résolutions souveraines dont l'empire n'a d'autres limites que la puissance effective du corps social. L'état prescrit aux citoyens s'il leur est permis de se réunir, en quel temps, en quel nombre, en quels lieux; s'ils sont autorisés à pratiquer un culte et lequel ; ce qu'il leur est permis d'écrire, de publier, ce qu'il leur est loisible de lire ; ce qu'ils peuvent apprendre ; ce qu'ils doivent manger et boire ; comment il faut s'habiller ; comment ils sont autorisés à se divertir, etc. Bref *le droit de suffrage pour chaque citoyen* et *la toute puissance de l'Etat*, voilà les clauses du contrat. C'est la conception jacobine, elle joue un grand rôle dans l'histoire des peuples. «

Quand l'ensemble des citoyens, l'état, est représenté par un *roi*, cette théorie lui donne *le pouvoir absolu*. « Les rois, disait Louis XIV, sont seigneurs absolus et ont naturellement la disposition pleine et entière de tous les biens qui sont possédés. » Et ses courtisans lui répondaient que « *tout les biens de ses sujets lui appartenaient* et qu'il pouvait en user commes des siens propres. » Une telle renonciation à toutes ses libertés et à tous ses droits est incompatible avec la nature et la dignité des hommes, qui n'auraient plus aucun intérêt à faire partie de l'état s'ils devaient lui sacrifier tout ce qu'ils possèdent.

285. Théorie libérale de l'Etat. — La théorie *libérale* ou *individualiste* sera intermédiaire entre ces deux extrêmes: « Si l'indépendance absolue de l'individu, dit M. Secrétan, est la négation de l'ordre social, si le pouvoir sans bornes de l'état est la négation de l'individu, il reste que la liberté politique, la liberté des citoyens dans l'état, se trouvant incompatible avec l'un et l'autre, exige le sacrifice de l'un et de l'autre et repose sur leur limitation réciproque. » En d'autres termes, en entrant dans la société civile *chaque individu doit renoncer à une part de sa liberté*, dont il fait le sacrifice à l'ensemble et cela *pour que l'état lui garantisse le reste*. On pourra donc définir l'état une *association mutuelle en vue de la liberté de chacun*. Voilà la nature du contrat.

286. La puissance publique. — Le fondement de l'autorité publique ne peut plus être en dehors des citoyens ; l'état n'est pas une chose mystérieuse qui s'impose aux citoyens, *il est formé par eux et pour eux*. L'état est donc *démocratique*. Les véritables maîtres de l'état ne sont autres que les *citoyens* eux-mêmes, et c'est leur ensemble qui forme la *souveraineté nationale*. Ceux qui sont à la tête de l'état, qui forment le *gouvernement*, tiennent *leur autorité du peuple* qui la leur délègue. Le *gouvernement représentatif* est le régime sous lequel les citoyens se gouvernent en réalité eux-mêmes et où tout le monde exerce l'autorité par l'intermédiaire de représentants librement choisis.

287. Le principe de la majorité. — Sans doute, il serait fort désirable que tous les citoyens qui participent à la nomination des représentants et au gouvernement, grâce au *suffrage universel*, fussent toujours complètement d'accord. Mais l'*unanimité* étant impossible dans un grand pays, on doit se contenter de la *majorité*, qui est alors considérée comme l'*expression de la volonté nationale*. Le gouvernement nommé par la majorité des citoyens gère les affaires du pays et commande à tous, mais ce pouvoir ne doit pas être despotique, ni vexatoire. Les droits de tous les citoyens et de ceux-là même qui forment la *minorité* doivent toujours être respectés.

§ 3. — Constitution du Gouvernement.

288. Le gouvernement. — Pour protéger les droits de chacun, deux conditions sont nécessaires, un *gouvernement* et des *lois*.

Il faut une *autorité* qui fasse respecter les droits de chaque citoyen, et que quelques hommes soient *délégués* par la volonté nationale pour représenter tout le peuple et exécuter les désirs de la nation ; ils constituent le gouvernement. *Le gouvernement a trois fonctions principales à remplir : il doit faire les lois, les appliquer* aux cas particuliers et *les faire exécuter*. Montesquieu a montré dans son livre sur *l'esprit des lois* que ces trois fonctions ne peuvent pas sans inconvénients graves être exécutées par une seule et même personne : « c'est une expérience éternelle, dit-il, que tout homme qui a du pouvoir est porté à en abuser, il va jusqu'à ce qu'il trouve des limites... Il faut que par la disposition des choses le pouvoir arrête le pouvoir. » C'est la doctrine politique qui a reçu le nom de *théorie de la séparation des pouvoirs*.

289. Les trois pouvoirs. — Dans la plupart des pays civilisés, le gouvernement se subdivise donc en *trois* parties : 1° le *pouvoir législatif*, 2° le *pouvoir judiciaire*, 3° le *pouvoir exécutif*.

En France, le pouvoir *législatif* appartient à la *Chambre des députés* et au *Sénat*, deux assemblées élues par le peuple qui sont chargées de préparer et, après un contrôle mutuel, de rédiger les lois.

Le pouvoir *judiciaire* appartient à la *magistrature*, qui comprend les juges de paix, les juges des tribunaux de première instance, les juges des tribunaux d'appel et les conseillers de la Cour de cassation. Ceux-ci sont chargés non de trancher les contestations entre les citoyens, mais de veiller à ce que les lois soient appliquées avec précision.

Le pouvoir *exécutif* est constitué par le *président de la République*, le *conseil des ministres*, les *préfets* et les autres agents du pouvoir exécutif.

290. Les lois. — Les *lois* qui maintiennent l'unité de l'état et l'ordre dans la nation forment *deux classes*. Les unes déterminent la forme du gouvernement et les rapports des gouvernants et des gouvernés, ce sont les *lois politiques et constitutionnelles*. Les autres règlent les rapports des citoyens entre eux, ce sont les *lois civiles*.

291. Droits des gouvernants. — Les gouvernants ont droit au *respect* et à l'*obéissance* des citoyens. Ils doivent être *aidés* par eux, et ils trouvent surtout un appui efficace quand ils peuvent compter sur la *confiance* de la nation.

Comme ils sont chargés de hautes fonctions et qu'ils sont responsables de leurs actes devant le pays, ils doivent avoir autant que possible leur *indépendance*. Un législateur ne peut prévoir d'avance toutes les difficultés de sa tâche, toutes les décisions qu'il aura à prendre, il ne peut s'engager trop rigoureusement. Dans chaque cas particulier, il ne relève que de sa conscience, et il n'est pas à la merci de ses électeurs. Le magistrat surtout doit pour juger avec *impartialité* être au-dessus des menaces et des faveurs, avoir la plus complète indépendance.

292. La pénalité. — Les gouvernants ont un droit particulièrement important, le *droit de punir*, d'infliger une souffrance et même quelquefois la *peine capitale* aux citoyens qu'ils auront reconnus coupables et responsables (1).

On a donné plusieurs *raisons* pour justifier un droit aussi terrible. La punition, disait-on autrefois, est une souffrance

---

(1) Voir les conditions de la responsabilité, p. 117.

nécessaire qui répare la faute morale, c'est une *expiation*. La punition peut être ainsi comprise quand on se place au point de vue religieux ou moral mais non au point de vue politique. Le juge n'a pas le droit d'apprécier les consciences, et d'ailleurs il ne peut pas le faire, ce n'est pas à lui à faire expier les fautes.

On dit aussi que la peine sert à *guérir* et à *améliorer* le coupable ; cela peut être juste et heureux, mais cela ne suffit pas pour permettre aux hommes de faire souffrir leurs semblables. Ils n'ont pas le droit d'*imposer la vertu*, et si le malade veut rester malade, nous n'avons pas le droit de le guérir de force. D'ailleurs la peine la plus grave, la peine de mort ne peut guère être considérée comme favorable à l'amélioration du coupable.

Peut-on punir pour l'*exemple*, pour effrayer par un châtiment terrible, ceux qui seraient tentés de commettre la même faute ? Ce serait punir non pour l'acte commis, mais pour des actes possibles que d'autres peuvent commettre ; ce serait faire retomber sur un homme la responsabilité d'actes dont il n'est pas la cause et qui peut-être ne se produiront pas.

293. **La défense de la société.** — La seule raison sérieuse qui justifie le droit de punir, qui nous permette d'épouvanter les criminels par des exemples et de les réformer malgré eux, c'est la *nécessité de la défense sociale*. La société a, comme les particuliers, le *droit de légitime défense* et elle se sert de la punition pour se protéger contre les actes qui tendent à la détruire.

Le fondement du droit de punir nous en indique les *limites*. La société n'a pas le droit d'*imposer la vertu* ni d'exiger par la force l'apparence hypocrite de la vertu ; elle n'a pas à punir les fautes contre la religion, ni les fautes contre la morale personnelle comme l'envie, l'avarice ou la débauche ; elle ne peut exiger la sympathie, la reconnaissance, la charité. La société ne peut punir que les *fautes contre l'ordre social*, les actes qui portent atteinte aux droits des citoyens qu'elle est chargée de protéger.

294. **Devoirs des gouvernants.** — Les gouvernants, précisément parce qu'ils sont dépositaires du pouvoir public, ne doivent pas en abuser contre des citoyens. Ils doivent *respecter la liberté des citoyens* dans la mesure où elle n'est

pas en opposition avec les lois de l'état; ils doivent, pour conserver cette liberté, assurer la *sécurité personnelle de chacun*. Des inquisitions arbitraires, des perquisitions dans les domiciles, la violation du secret des lettres ne doivent être tolérées que si la sécurité de l'état l'exige.

Le gouvernement doit aider le travail des citoyens et ne pas y apporter d'entraves par des règlements inutiles. Il doit *respecter la propriété* et n'user du droit d'expropriation que dans l'intérêt de l'état et avec une juste indemnité. Dans la mesure du possible, il doit laisser aux citoyens la *liberté de réunion*, la *liberté de la parole* et *celle de la presse*, enfin il est naturel qu'il ait le plus grand respect pour la *liberté électorale*, puisque c'est au vote des citoyens qu'il doit sa propre autorité.

Il est des choses qui sont d'utilité publique et que les particuliers ne sauraient bien faire : le gouvernement doit diriger pour le bien de tous les *armées de terre et de mer* qui défendent l'état, contre les dangers extérieurs, les *travaux publics*, *l'assistance des pauvres*, *l'instruction publique*. Le gouvernement a le droit d'exiger que les pères de famille fassent donner à leurs enfants l'instruction, sans laquelle ceux-ci ne deviendraient pas des hommes. Pour que l'état déclare *l'instruction obligatoire*, il faut qu'il la rende *gratuite* au moins pour ceux qui sont hors d'état de la payer. C'est ainsi que le gouvernement est amené à diriger l'école publique et à donner aux citoyens des notions justes et vraies et des idées saines.

295. **Droits des citoyens.** — Les droits des citoyens correspondent aux devoirs des gouvernants que nous avons signalés, ce sont les diverses *libertés* indispensables dans une société civilisée, la *liberté corporelle* ou *individuelle*, le droit *d'habeas corpus*, comme l'appellent les Anglais, le *droit de travailler* librement, de changer leurs professions à leur gré, le *droit de propriété* et le *droit de faire le commerce*, de vendre et d'acheter au prix qui leur convient, la *liberté de dépenser*, de *parler* et *d'écrire*.

296. **Devoirs des citoyens.** — Les droits d'un citoyen sont toujours limités par ceux des autres, car le premier devoir c'est le *respect de la liberté d'autrui*. La *vertu* est en effet plus nécessaire dans la démocratie que dans toute autre forme de gouvernement. Les citoyens doivent savoir jouir

de la liberté en comprenant l'*égalité* de tous les hommes.

Les citoyens doivent *respecter* le gouvernement, l'*aider*, le *soutenir* et au besoin prêter main-forte à ses représentants et non les considérer comme des ennemis. Ils doivent *obéir* scrupuleusement *aux lois* civiles et respecter les lois constitutionnelles tant qu'ils n'ont pas pu parvenir à les modifier par les voies légales.

Les citoyens ont aussi des *devoirs positifs*; comme l'état n'existe que par eux, ils doivent se partager les travaux et les charges qu'il exige. Ils doivent le *service militaire*, car l'état a besoin de bras pour le défendre et pour remplir sa fonction essentielle qui est la protection des citoyens. Ils doivent donner à l'état une *cotisation pécuniaire*. L'*impôt*, c'est la portion de son revenu que chaque citoyen doit payer pour les besoins communs. Il faut reconnaître que l'état nous rend bien des services pour l'impôt qu'il exige. Enfin, les citoyens doivent une sorte de *cotisation intellectuelle*, ils peuvent être appelés à faire partie du *jury* qui juge les criminels et ils doivent le faire avec impartialité et courage ; ils doivent déposer leur *vote* quand le pays les consulte. Le vote est moralement obligatoire s'il ne l'est pas légalement, car personne n'a le droit d'être indifférent au sort de son pays. C'est par l'accomplissement de ces devoirs librement consentis qu'un pays démocratique peut prospérer et grandir.

297. **Le droit des gens.** — Les *diverses nations* ont nécessairement des *relations entre elles* ; grâce à la civilisation elles ne sont pas sans cesse en lutte et règlent quelquefois leurs rapports par la morale. Le *droit des gens est* l'*ensemble des règles coutumières ou écrites qui régissent les rapports des nations* entre elles. Il existe une *opinion publique internationale* qui force au respect du droit des gens. *Pendant la paix*, des usages diplomatiques règlent les relations internationales, chaque pays est ouvert aux étrangers ; les criminels de droit commun sont poursuivis, arrêtés même en pays étrangers et par l'extradition remis à la justice de leur patrie ; des consuls surveillent à l'étranger les intérêts civils et commerciaux de leur pays.

La *convention de Genève* (1867) a arrêté les principaux articles du droit des gens *en temps de guerre*. La guerre doit être déclarée ouvertement, les nations neutres seront respectées, les belligérants doivent épargner les personnes désarmées, ils ne bombarderont pas les villes ouvertes et n'useront pas d'armes empoisonnées. Les blessés des deux armées seront relevés et soignés dans des ambulances qui seront toujours respectées, les prisonniers ne seront pas maltraités et seront rendus à leur pays après la guerre. Enfin, dans bien des cas, un *tribunal international* pourra se réunir et, tranchant les différents par l'arbitrage, il pourra éviter aux deux nations une guerre cruelle.

CHAPITRE X.

Sanction de la morale. Dieu. La religion naturelle.

§ 1. — LES SANCTIONS DE LA MORALE.

298. Définition de la sanction. — L'homme, être intelligent et libre, doit porter la *responsabilité* de ses actes, c'est-à-dire que les différentes *conséquences* de ses actions doivent retomber sur lui. Ces conséquences d'une action qui retombent sur son auteur sont *des sanctions* et il y a autant de sanctions que de diverses conséquences de nos actes.

299. Les différentes sanctions. — Les *sanctions physiques* ou naturelles sont les souffrances, les maladies qui résultent pour l'homme de l'intempérance et de la débauche, la santé et le bonheur qui suivent la tempérance et l'application des lois de l'hygiène. Les *sanctions légales* sont les punitions que les magistrats ont, comme nous l'avons vu, le droit d'infliger pour forcer les hommes au respect des lois. Ces sanctions légales étant déterminées par le besoin de la défense sociale sont presque toujours des punitions et rarement des récompenses. Les *sanctions civiles* ou sanctions de l'opinion consistent dans la bonne ou la mauvaise réputation auprès de nos semblables qui résulte d'une conduite habituellement bonne ou mauvaise. La *sanction proprement morale* ou sanction intérieure, c'est la satisfaction du devoir accompli qu'éprouve l'homme de bien et le remords qui tourmente le coupable.

300. Sanction religieuse. — Les sanctions qui sont facilement intelligibles dans la nature physique et dans la législation civile semblent peu justifiées en morale. La loi morale a pour caractère propre de demander à être accomplie uniquement *par respect pour elle-même* ; pourquoi une *récompense ou une punition* qui semble ajouter un motif étranger à l'accomplissement du devoir? C'est que la punition morale ne doit pas être confondue avec une menace et la récompense n'est identique ni à la faveur qui n'est pas méritée, ni au salaire qui est le véritable objet, la véritable fin de l'action intéressée. La récompense suit l'action bonne *comme une conséquence et non comme un but*, « ce n'est pas *pour que* la loi s'accomplisse, dit M. Paul Janet, qu'il doit y avoir en morale des récompenses et des châtiments, c'est *parce qu'elle a été* accomplie ou violée. Il serait insensé que l'homme fût obligé par la loi morale à la justice et qu'il n'y eût pas de justice par rapport à lui. Il devrait à chacun selon son mérite et il ne lui serait rien dû selon son mérite. »

Si cette sanction est moralement légitime, il est d'autant plus étrange de voir comme elle est *rarement appliquée pendant la vie des hommes*. Les hommes les plus vertueux et les plus méritants ont souvent une existence si pénible qu'ils finissent par douter de la vertu même, et les coupables, souvent dépourvus de tout remords, jouissent tranquillement d'un bonheur immérité. Le bonheur et le malheur dépendent de bien des raisons physiques, la santé, la fortune, les circonstances favorables, et ces circonstances dépendent elles-mêmes de mille lois naturelles tout à fait indépendantes de celles de la morale. La nature, a dit Michelet(*), n'est pas immorale, elle est amorale, c'est-à-dire tout à fait indifférente pour nos rêves de vertu et de justice. Cependant notre raison nous présente comme une nécessité *l'accord de la vertu et du bonheur* et si nous ne le voyons pas réalisé pendant le cours de notre vie terrestre nous sommes amenés à *concevoir une autre existence* dans laquelle la justice sera satisfaite.

301. Immortalité de l'âme. — « L'immortalité de l'âme, a dit Pascal, est une chose qui nous importe si fort, qui nous touche si profondément qu'il est impossible de faire une démarche avec sens et jugement qu'en la réglant par la vue de ce point qui doit être notre dernier objet. C'est pourquoi notre premier intérêt et notre premier devoir est de nous éclaircir sur ce sujet d'où dépend notre conduite. »

On a donné plusieurs arguments de l'immortalité de l'âme; on a dit en particulier que *l'âme étant distincte du corps* ne pouvait disparaître avec lui, que l'âme étant une *substance simple* ne pouvait périr comme le corps par décomposition. Nous n'avons pas à discuter ici ces arguments, nous préférons considérer l'immortalité comme une *conséquence des idées morales* et comme une *croyance naturelle et salutaire.*

Si la vertu a un prix infini, elle ne doit pas disparaître ; si l'homme est une fin en soi digne de respect, il ne doit pas être anéanti ; si nous avons obéi à la morale, nous devons en être récompensés.

On sait que toutes les facultés de l'homme tendent à un *développement indéfini* et, comme le disait Pascal, l'homme est produit pour l'infinité. L'intelligence poursuit la vérité absolue, la sensibilité cherche le bonheur, la volonté veut la liberté et la vertu parfaite. Puisque aucun de ces buts n'est atteint, la vie humaine serait inutile et inexplicable, si nous ne pouvions plus tard poursuivre l'œuvre commencée. Stuart Mill a très bien expliqué l'utilité, la nécessité de la croyance à la vie future pour *nous aider à supporter et à comprendre la vie terrestre.* « Il s'en faut bien, dit-il, que l'effort bienfaisant d'une telle espérance soit sans valeur. Elle fait de la vie et de la nature humaine des objets d'un bien plus haut prix. Elle communique plus de force comme aussi plus de solennité à tous les sentiments éveillés en nous par nos semblables ou par l'humanité en général. Elle affaiblit le sentiment de cette ironie de la nature qui devient si pénible quand nous voyons toute une vie d'efforts et de sacrifices n'aboutir à former un esprit sage et noble que pour qu'il disparaisse au moment où il semblait prêt à répandre sur le monde le fruit de ses labeurs. L'adage que la vie est courte et que l'art est long est l'expression de l'une des nécessités les plus décourageantes de notre condition. L'espérance en une autre vie permet de croire que l'art consacré à embellir ou à améliorer l'âme elle-même peut être bon à quelque chose ailleurs, alors même qu'il paraît sans utilité ici-bas. Dès lors les aspirations les plus élevées ne sont plus tenues en échec et rabattues par la pensée de l'insignifiance de la vie humaine, par le sentiment désastreux qu'elle ne vaut pas la peine qu'elle coûte.

§ 2. — RELIGION NATURELLE.

302. **La religion.** — L'homme est *naturellement religieux* et tous les peuples, même les plus sauvages, ont une

religion. Tous les hommes ont le sentiment que l'univers n'est pas borné aux phénomènes que nos sens peuvent apercevoir, qu'il y a quelque chose de tout puissant et de mystérieux qui nous enveloppe. Le *sentiment de ce mystère* qui dépasse infiniment l'esprit humain est le point de départ de la religion.

Toutes les formes différentes des religions peuvent nous paraître des expressions insuffisantes de ce mystère de notre destinée, mais elles sont toutes respectables comme des élans sincères de l'esprit vers ce qui est supérieur et inconnu. Notre devoir est non seulement de *tolérer* tous les cultes, par respect pour la liberté de ceux qui les pratiquent, mais d'avoir pour eux du *respect et de la sympathie.*

Si nous ne pouvons adhérer à tel ou tel dogme particulier, nous sommes cependant religieux en cherchant à nous instruire de la vérité, en nous efforçant de pratiquer le bien, en ayant le sentiment de la perfection que nous cherchons à concevoir. « Être religieux, disait M. Marion (*), c'est *croire* fermement au *triomphe assuré du bien et de la justice,* même quand on voit le moins comment il pourra se réaliser. En douter, admettre un seul instant que le devoir puisse être une duperie, c'est la véritable impiété ». La *religion naturelle ou rationnelle* cherche ainsi à comprendre tout ce que notre raison nous permet de saisir sur le principe des choses et sur notre destinée.

303. Existence de Dieu. — Nous ne pouvons discuter ici les arguments et les théories qui cherchent à nous faire comprendre *Dieu, le principe du monde matériel et du monde moral.* Nous devons simplement rappeler comment toutes les études sont insuffisantes et inexplicables, si elles ne nous amènent pas à concevoir l'existence de ce premier principe.

L'existence du monde et du mouvement qui existe dans le monde est inexplicable sans une *cause ;* pour la trouver notre esprit remonte dans la nuit des temps jusqu'aux premières origines, aux collocations primitives des choses, suivant l'expression des philosophes évolutionnistes. L'esprit ne peut remonter indéfiniment, il doit s'arrêter quelque part, comme dit Aristote, et il n'est satisfait que lorsqu'il conçoit *une cause première et nécessaire, principe des choses et des mouvements, se suffisant à elle-même* et ne réclamant pas pour elle d'autres explications.

304. L'argument des causes finales. — Un argument célèbre qui a reçu le nom d'argument des causes finales nous présente Dieu comme *l'organisateur du monde*. Kant, qui a cherché à détruire tous les autres arguments de l'existence de Dieu, s'arrête avec respect devant celui-là. « C'est, dit-il, l'argument le plus ancien, le plus clair, le plus approprié à la raison commune. Le monde nous offre un si vaste théâtre de *variété*, d'ordre, de *finalité*, de *beauté* que, malgré la médiocrité de la connaissance que notre intelligence a pu en acquérir, devant tant et de si grandes merveilles, toute langue perd sa force d'expression, tout nombre sa puissance de mesure et nos pensées mêmes toute leur limite. Si bien que notre jugement sur le tout finit par se résoudre en un étonnement muet et d'autant plus éloquent, et par là nous nous élevons à *l'idée d'un suprême auteur du monde* avec la plus irrésistible conviction. » « Ce serait donc vouloir, ajoute-t-il, non seulement nous retirer une consolation, mais tenter l'impossible que de prétendre renier l'autorité de cette preuve. »

Nous avons vu, en étudiant le système de l'évolution, combien *l'organisation des animaux* nous présente de merveilles, comment *chaque organe est adapté à sa fonction, chaque organisme à son milieu*. « Comment comprendre, disait à ce propos M. Paul Janet, cette *coordination des parties au tout*, cette *prédétermination du présent par le futur*, si le tout n'a pas préexisté sous forme de plan dans la cause occulte qui a préparé ces parties ».

D'une manière générale, l'intelligence qui se manifeste soit dans le monde matériel, soit dans nos consciences, demande une explication. C'est ce que J.-J. Rousseau déclarait dans la *profession de foi du vicaire savoyard*, qui fut, au 18e siècle, le résumé de la religion naturelle : « Il n'y a pas un être dans l'univers qu'on ne puisse, à quelque égard, regarder comme le centre commun de tous les autres, autour duquel ils sont tous ordonnés, en sorte qu'ils sont tous réciproquement fins et moyens les uns relativement aux autres. L'esprit se confond et se perd dans cette infinité de rapports, dont pas un n'est confondu ni perdu dans la foule. Que d'absurdes suppositions pour déduire toute cette harmonie de *l'aveugle mécanisme de la matière* unie fortuitement !... Il m'est impossible de concevoir un système d'êtres si constamment ordonnés sans que je conçoive aussi *une intelligence qui l'ordonne*. Il ne dépend pas de moi de croire que la matière passive et morte a pu produire des êtres vivants et sentants, qu'une fatalité aveugle a pu produire des êtres intelligents, que *ce qui ne pense point a pu produire des êtres qui pensent* ».

305. Preuves morales de l'existence de Dieu. — Si nous songeons maintenant aux *idées morales*, nous voyons que Dieu en est le *garant nécessaire*. La loi morale doit avoir un principe, une raison d'être, elle réclame un *législateur*. Sans doute, nous ne concevons pas Dieu comme un tyran qui ordonne capricieusement tel ou tel décret, mais nous croyons que sa nature, sa perfection même sont la raison de la loi morale. D'autre part, nous avons vu la nécessité d'une sanction pour la loi, il faut un *juge* capable de réaliser *l'harmonie entre la vertu et le bonheur*. Dieu est donc conçu comme législateur et comme *juge*, c'est là une condition nécessaire pour comprendre les idées morales, c'est, comme disait Kant, un *postulat de la raison pratique*.

306. La prière. — Tels sont les problèmes et les méditations que la religion naturelle présente à nos esprits ; sans doute, ces arguments n'ont pas une précision mathématique, mais ils méritent cependant nos réflexions. L'étude de ces questions mystérieuses, la recherche de ces vérités est une *élévation de l'esprit* et une véritable *prière*. Travailler pour atteindre la vérité et la vertu, c'est vraiment *louer Dieu*, comme le demandaient les anciens philosophes.

« Si nous étions sages, dit Épictète (*), que devrions-nous faire autre chose en public et en particulier, que de célébrer la bonté divine et de lui rendre de solennelles actions de grâces ? Ne devrions-nous pas en bêchant, en labourant, en mangeant, chanter cet hymne au Seigneur: Dieu est grand!... Mais puisque vous êtes tous dans l'aveuglement, ne faut-il pas que quelqu'un s'acquitte pour vous de ce devoir sacré en chantant pour tout le monde un hymne à Dieu? Que puis-je faire autre chose, moi, vieillard boiteux et infirme, si ce n'est chanter Dieu ? Si j'étais rossignol, je ferais le métier de rossignol ; si j'étais cygne, celui de cygne. Je suis un être raisonnable, il me faut chanter Dieu. Voilà mon métier, et je le fais. C'est un rôle auquel je ne faillirai pas autant qu'il sera en moi et je vous engage à chanter avec moi ».

INDEX BIOGRAPHIQUE

ALCHIMISTES. Nom donné à des chercheurs du moyen âge qui avaient la prétention de *transmuer* les métaux en or. Leurs recherches n'ont pas été entièrement inutiles et ont contribué à la formation de la chimie.

ALEXANDRE II, 1818-1881, Empereur de Russie, affranchit les serfs de son empire en 1861.

AMPÈRE (André-Marie), 1775-1836, de l'académie des sciences, célèbre physicien, surtout connu par ses études sur les *actions réciproques entre les courants et les aimants*, fit une classification complète des sciences dans son livre sur *La philosophie des sciences*.

ARAGO (François), 1786-1853, célèbre physicien et astronome français.

ARCHIMÈDE, de Syracuse, 287-212 av. J.-C., géomètre et physicien ; on lui doit le principe fondamental de *l'hydrostatique*.

ARISTIPPE de Cyrène, philosophe grec du 5ᵉ siècle avant J.-C., disciple de Socrate, il fonda la doctrine morale qui explique toutes nos actions par l'attrait du *plaisir*.

ARISTOTE, 384-322 av. J.-C., le plus grand philosophe de l'antiquité. Après avoir été *précepteur d'Alexandre le Grand*, il fonda à Athènes l'école des *Péripatéticiens* et laissa de nombreux travaux sur la *philosophie*, la *logique* et sur toutes les *sciences*.

BACON (François), 1561-1626, grand chancelier d'Angleterre. Ses principaux ouvrages ont pour objet la défense et l'éloge des sciences ainsi que la méthode scientifique. *De dignitate et augmentis scientiarum, Novum organum*.

BAIN (Alexandre), philosophe anglais contemporain, également connu par ses ouvrages de vulgarisation scientifique.

BARNI, 1818-1878, philosophe contemporain, traducteur des œuvres de Kant, auteur d'un ouvrage sur « *La morale dans la démocratie* », 1868.

Bastiat (Frédéric), 1801-1850, économiste français. Principaux ouvrages : *Les sophismes économiques*, *Les harmonies économiques*.

Bayle (Pierre), 1647-1706, historien et philosophe français, très érudit, défenseur de la tolérance, inclinant vers le scepticisme.

Beaumarchais, 1732-1799, auteur dramatique français, ses pièces les plus célèbres sont *le Barbier de Séville* et *le Mariage de Figaro*.

Bentham (Jérémie), 1748-1832, jurisconsulte et moraliste anglais, l'un des auteurs qui ont défendu *la morale de l'intérêt général*.

Bernard (Claude), 1813-1878, professeur de physiologie à la faculté des sciences puis au collège de France, l'un des fondateurs de la *science physiologique*.

Bossuet, 1627-1704, grand évêque français, orateur, historien et philosophe.

Buckle (Henry-Thomas), 1821-1862, historien et philosophe anglais.

Buffon, 1707-1788, illustre naturaliste et écrivain français. Son grand ouvrage est l'*Histoire des animaux*.

Carnot (Sadi), 1796-1832, fils du grand conventionnel et célèbre physicien français.

Cartésiens, nom donné aux *disciples de Descartes*.

Charron (Pierre), 1541-1603, écrivain et moraliste français, disciple de Montaigne, auteur d'un livre sur « *La sagesse* ».

Chrysippe, 280-206 av. J.-C., l'un des fondateurs de la philosophie *stoïcienne*.

Cicéron, 107-44 av. J.-C., le plus grand orateur latin, il résuma dans quelques écrits les principes de la philosophie grecque.

Comte (Auguste), 1798-1857, savant et philosophe français, fondateur de l'école désignée sous le nom de *positivisme*. Ses principaux ouvrages sont le *Cours de philosophie positive* et le *Traité de po'itique positive*.

Condillac (Etienne-Bonnot de), 1715-1780, philosophe français, précepteur de l'infant de Parme, membre de l'académie française. Ses principaux ouvrages sont le *Traité des sensations*, la *Grammaire*, la *Logique*, *La langue des calculs*.

Condorcet, 1743-1794, savant, littérateur, philosophe, économiste et homme politique français. Il a écrit une *Esquisse d'un tableau historique des progrès de l'esprit humain*.

Copernic (Nicolas), 1473-1543, illustre astronome polonais qui a fondé la théorie moderne du système solaire.

Cournot, 1801-1877, mathématicien et philosophe français.

Cousin (Victor), 1792-1867, célèbre professeur et philosophe français. Il a restauré l'enseignement philosophique en France et écrit de nombreux ouvrages sur la *philosophie* et *l'histoire de la philosophie.*

CRAIG (John), mathématicien écossais de la seconde moitié du 17e siècle.

CUVIER (Georges), 1769-1832, zoologiste et paléontologiste français. Parmi ses nombreux ouvrages nous signalerons ses *leçons d'anatomie comparée* et son *discours sur les révolutions du globe.*

DARWIN, 1809-1882. Le plus grand naturaliste anglais contemporain, surtout célèbre par ses théories sur *l'origine des espèces* et sur le *transformisme.*

DAUNOU, 1761-1840, érudit, historien et homme politique français.

DÉMOCRITE d'Abdère, 460-357 av. J.-C., philosophe grec, fondateur de *l'atomisme.*

DESCARTES, 1596-1650, célèbre philosophe français et grand mathématicien. Le premier, il écrivit des ouvrages philosophiques en français, le *Discours de la méthode, Les méditations, Les principes, Le traité des passions.*

DUBOIS-REYMOND, physiologiste allemand contemporain, né en 1818, d'origine française.

EPICTÈTE, philosophe grec du 1er siècle après J.-C. On a de lui un *Manuel de sagesse* et ses *Entretiens* recueillis par un de ses disciples et où il expose la *morale stoïcienne.*

EPICURE, 341-270, célèbre philosophe grec, qui a développé la *théorie atomiste* et fondé *la morale de l'intérêt.*

EULER, 1707-1783, né à Bâle, mathématicien et philosophe.

FECHNER, 1801-1887, physicien et philosophe allemand, l'un des fondateurs de la *psycho-physique,* théorie qui cherche à mesurer mathématiquement les phénomènes psychologiques.

FICHTE (Johann-Gottlieb), 1762-1814, philosophe allemand qui a développé certaines conséquences de la philosophie de Kant.

FONTENELLE, 1657-1757, littérateur français, neveu de Corneille.

FOUCAULT, 1819-1868, physicien français.

FOURIER (Charles), 1772-1837, publiciste français, auteur de théories *socialistes.*

FRESNEL (Augustin), 1788-1827, physicien français.

GALILÉE, 1564-1642, célèbre physicien et astronome italien, qui a exposé le système de Copernic sur *la rotation de la terre.*

GARNIER (Adolphe), 1801-1864, philosophe français, auteur du *Traité des facultés de l'âme.*

GASSENDI, 1592-1656, philosophe français, qui soutint contre Descartes la *doctrine d'Epicure.*

Guizot, 1787-1874, historien et homme d'Etat français.

Hamilton (Sir William), 1788-1856, philosophe écossais, professeur à l'université d'Edimbourg.

Hegel, 1770-1831, célèbre philosophe allemand.

Helmholtz, 1821-1894, célèbre physiologiste et physicien allemand contemporain.

Helvetius, 1715-1771, philosophe français, qui défend le matérialisme dans son livre « *de l'Esprit* ».

Herder, 1744-1803, littérateur et philosophe allemand.

Hering, philosophe allemand contemporain.

Herschel, 1738-1822, célèbre astronome, né à Hanovre. Il vécut de longues années en Angleterre; on lui doit la découverte de la planète Uranus.

Hobbes (Thomas), 1588-1679, philosophe anglais qui a appliqué les doctrines du matérialisme aux théories politiques.

Hume (David), 1711-1776, philosophe anglais, qui dans son « *Traité de la nature humaine* » et ses *Essais* soutint une philosophie idéaliste très hardie et très profonde.

Huyghens, 1629-1695, célèbre physicien.

Janet (Paul), philosophe français contemporain, professeur à la Sorbonne, membre de l'Institut, auteur d'un grand nombre d'ouvrages, *La famille, La philosophie du bonheur, L'histoire de la science politique dans ses rapports avec la morale, Le matérialisme contemporain, La morale, Les causes finales*, etc.

Jansénistes, nom donné à une secte religieuse du 17e siècle qui enseigna au couvent de *Port-Royal* et comptait parmi ses membres Arnauld, Nicole, Pascal.

Jouffroy, 1796-1842, célèbre professeur de philosophie à la Sorbonne.

Joule (James), 1818-1889, physicien anglais.

Jussieu (Antoine-Laurent de), 1748-1836, savant botaniste, membre de l'académie des sciences.

Kant (Emmanuel), 1724-1804, le plus grand philosophe allemand avec Leibniz. Sa doctrine est renfermée dans trois grands ouvrages, *La critique de la raison pure, La critique de la raison pratique, La critique du jugement*.

Kepler, 1571-1630, grand astronome allemand.

La Bruyère, 1646-1696, littérateur et moraliste français, auteur des « *Caractères* ».

Lamarck, 1744-1829, célèbre naturaliste français, l'un des fondateurs de la *doctrine du transformisme*.

LAPLACE, 1749-1827, grand géomètre et astronome français.

LE VERRIER, astronome français, illustré par la découverte de la planète Neptune.

LA ROCHEFOUCAULD, 1613-1680, écrivain et moraliste français, auteur des *Maximes*.

DE LAVELEYE, économiste belge contemporain.

LAVOISIER, 1743-1794, grand chimiste français, qui posa les bases de la chimie moderne.

LEIBNIZ, 1646-1716, le plus grand philosophe allemand avec Kant; nous citerons parmi ses ouvrages : *Les nouveaux Essais sur l'Entendement humain, la Théodicée, la Monadologie*.

LEUCIPPE, 500 environ av. J-C., fut avec Démocrite le fondateur de la *Philosophie atomistique*.

LINNÉ, 1707-1778, célèbre naturaliste et médecin suédois.

LITTRÉ, savant et philosophe français contemporain, disciple d'Auguste Comte.

LOCKE, 1632-1704, médecin et philosophe anglais, auteur des *Essais sur l'Entendement humain* que discuta Leibniz.

LOMBROSO, médecin italien contemporain, célèbre par ses études sur les criminels.

LUCRÈCE, 95 av. J.-C., le plus grand poète latin. Dans son poème sur *la Nature « de Natura rerum »*, il soutint la philosophie d'Épicure.

MAINE DE BIRAN, 1770-1824, psychologue français des plus intéressants et des plus originaux.

MALEBRANCHE, 1638-1715, philosophe français, prêtre de l'Oratoire, disciple de Descartes, mais indépendant et original.

MARC-AURÈLE, 121-180 ap. J.-C., empereur et philosophe romain, a exposé éloquemment la morale stoïcienne.

MARION (Henri), philosophe français contemporain, professeur à la Sorbonne, auteur d'un livre sur la *Solidarité morale*, des *Leçons de psychologie et de morale*.

MARIOTTE, 1620-1684, physicien français qui a formulé une loi sur la densité des gaz, loi qui porte son nom.

MAXWELL, physicien anglais contemporain.

MONTESQUIEU, 1689-1755, publiciste et philosophe français, auteur des *Lettres persanes*, des *Considérations sur les causes de la grandeur et de la décadence des Romains* et surtout de *l'Esprit des Lois*.

MICHELET, 1798-1874, historien et écrivain français.

NEWTON (Isaac), 1642-1727, célèbre physicien et astronome anglais auquel on doit bien des découvertes sur la théorie mathématique des *flexions*, sur les *Lois de la lumière*, et la grande hypothèse de l'*attraction universelle*.

Ovide, 42 av. J.-C.-18 ap. J.-C., poète latin, auteur des *Tristes*, des *Métamorphoses*.

Panetius, philosophe grec qui se rattache à l'école du stoïcisme.

Pascal (Blaise), 1623-1662, célèbre physicien et philosophe français. Il fit partie du groupe des Solitaires de Port-Royal et pour défendre le Jansénisme écrivit les *Provinciales* et les *Pensées*.

Peterson, mathématicien anglais du 17e siècle.

Philolaus, philosophe grec, disciple de Pythagore, florissait vers l'an 500 av. J.-C.

Platon, 427-347 av. J.-C., l'un des plus grands philosophes grecs, élève de Socrate et maître d'Aristote, a composé des dialogues nombreux (le *Phédon*, le *Phèdre*, le *Banquet*, la *République*, etc.), dont le principal personnage est toujours Socrate.

Ptolémée, célèbre géographe et astronome, né en Égypte 2e siècle ap. J.-C.

Pythagore, 600-509 av. J.-C., mathématicien et philosophe grec, dont le principal ouvrage a pour titre l'*Arénaire*.

Port-Royal, nom d'un couvent célèbre de Paris et d'une maison de retraite et d'éducation à Chevreuse, près de Paris. Il se rattachait à la doctrine des Jansénistes. Ceux-ci furent persécutés au 17e siècle et le couvent de Port-Royal fut rasé par ordre de Louis XIV en 1709.

Prévost-Paradol, écrivain et moraliste français contemporain, auteur d'une étude sur *Les moralistes français*, d'un livre sur la *France nouvelle* et d'une *Histoire universelle*.

Reid (Thomas), 1710-1796, philosophe écossais, auteur des *Recherches sur l'entendement humain d'après les principes du sens commun*.

Renan (Ernest), un des plus célèbres savants et écrivains français contemporains. Ses plus importants travaux ont pour objet l'étude des origines du langage et l'étude des origines du christianisme.

Rousseau (Jean-Jacques), 1712-1778, grand écrivain et philosophe français qui a exercé une grande influence sur la révolution française.

Royer-Collard, 1769-1845, philosophe et homme d'Etat français.

Rumford (Benjamin-Thomson, comte de), 1753-1814, physicien anglais.

Saint Augustin, 354-430, évêque d'Hippone, docteur et père de l'Eglise.

SCHILLER, 1759-1805, grand écrivain et poète allemand, qui a laissé des travaux de science et de philosophie.

SCHOLASTIQUE, nom donné à l'enseignement philosophique *du moyen âge* qui se faisait dans les écoles (*schola*).

SECCHI (Le Père), astronome et philosophe italien contemporain.

SECRÉTAN, philosophe suisse contemporain.

SÉNÈQUE, 4-65 apr. J.-C., philosophe latin, précepteur de Néron, a répandu à Rome la doctrine stoïcienne.

SMITH (Adam), 1723-1790, moraliste et économiste écossais.

SOCRATE, 470-400 av. J.-C., grand sage et philosophe de la Grèce, le maître de Xénophon, qui raconta sa vie dans « *les Mémorables* », et de Platon, qui exposa ses doctrines dans « *les Dialogues* ».

SPENCER (Herbert), grand philosophe anglais contemporain, qui a exposé le système de l'*évolution*.

SPINOZA, 1632-1677, célèbre philosophe de Hollande, disciple original de Descartes.

STUART MILL (John), 1806-1873, célèbre philosophe et économiste anglais.

TACITE, 54-130 apr. J.-C., grand historien latin, auteur des *Annales*, des *Histoires* des *Mœurs des Germains*.

TAINE (Henri), philosophe et historien français contemporain.

THALÈS, 640 av. J.-C., philosophe grec de l'école d'Ionie.

THÉOPHRASTE, 4e siècle av. J.-C., moraliste grec, auteur des « *Caractères* » qu'a imités La Bruyère.

TITE-LIVE, 59 av. J.-C. — 19 apr. J.-C., célèbre historien latin.

TORRICELLI, 1608-1647, physicien italien.

TURGOT, 1727-1781, célèbre économiste français.

TYNDALL, physicien anglais contemporain.

VICO, 1668-1744, philosophe et historien italien.

VIRGILE, 69-19 av. J.-C., l'un des plus grands poètes latins, auteur des *Bucoliques,* des *Géorgiques* et de l'*Enéide*.

WOLF, 1679-1754, philosophe allemand, disciple de Leibniz.

WUNDT, physiologiste et philosophe allemand contemporain.

YOUNG (Thomas), physicien anglais, surtout connu par ses études sur la lumière.

ZÉNON, 360-263 av. J.-C., philosophe grec, fondateur du stoïcisme.

TABLE

—

PREMIÈRE PARTIE
Éléments de philosophie scientifique.

DEUXIÈME PARTIE
Éléments de philosophie morale.